总裁的最佳拍档

的最佳拍档

公司 PRESIDENT
REPUBLICANISM

不是一个人在战斗

吴荣华 著

山西出版传媒集团
山西人民出版社

图书在版编目（CIP）数据

总裁的最佳拍档：公司不是一个人在战斗 / 吴荣华
著.—太原：山西人民出版社，2012.5
　　ISBN 978-7-203-07645-2

　　Ⅰ.①总…　Ⅱ.①吴…　Ⅲ.①企业管理　Ⅳ.
①F270

中国版本图书馆 CIP 数据核字（2012）第 048043 号

总裁的最佳拍档：公司不是一个人在战斗

著　　者：吴荣华
责任编辑：冯　昭
装帧设计：小徐书装
出 版 者：山西出版传媒集团·山西人民出版社
地　　址：太原市建设南路 21 号
邮　　编：030012
发行营销：0351-4922220　4955996　4956039
　　　　　0351-4922127（传真）　　4956038（邮购）
E－mail：sxskcb@163.com　发行部
　　　　　sxskcb@126.com　　总编室
网　　址：www.sxskcb.com
经 销 者：山西出版传媒集团·山西人民出版社
承 印 者：三河市南阳印刷有限公司
开　　本：710mm×1000mm　1/16
印　　张：16.25
字　　数：200 千字
版　　次：2012 年 5 月　第 1 版
印　　次：2012 年 5 月　第 1 次印刷
书　　号：ISBN 978-7-203-07645-2
定　　价：35.00 元

如有印装质量问题请与本社联系调换

业界人士倾力推荐

这是一本异乎寻常的书。书中的观点与传统管理学教科书的内容大相径庭，也会让一心埋头苦干的企业高管们悚然惊醒。作者多年体会的管理精髓，通过对话体的方式娓娓道出，读来欲罢不能，回味悠长！

——中山大学岭南学院管理学教授，博士生导师　陈宏辉

德鲁克的管理世界原来是混乱的！《总裁的最佳拍档》挑战一代宗师，是需要很大的勇气的。"最佳拍档"绝不是传统的一个主内一个主外的搭配模式，这是一个全新的范式！

——暨南大学管理学院教授，博士生导师　张耀辉

《总裁的最佳拍档》终于可以宣告，企业管理完全可以成为一门科学。原来，传统管理的假设，总裁和副总裁的上下级关系是错误的！真是不可思议！

——尚道营销咨询董事长，中国十大营销专家　张桓

《总裁的最佳拍档》让读者恍然大悟：原来管理竟是如此简单明了。不是管理难学，而是传统的管理学假设很有问题！

——深圳太极软件董事长　查树衡

祝贺同学吴荣华的第一本管理专著出版。《总裁的最佳拍档》还未出版就已是圈内奇闻了，现在，这个奇闻终于可以宣示天下了！总裁们终于知道谁才是自己的下属了！

——广州千千氏董事长　曾昭霞

如何留住好的人才？这个问题一直是企业管理的难题，《总裁的最佳拍档》提供了非常实用的方法。原来，总裁只要理顺与一个人的关系，就能解开公司纷繁复杂的管理疙瘩，这个人就是总裁的最佳拍档！

——知名公司营运专家　柯友怀

管理是一门艺术，优秀的管理就像是杰出的艺术，《总裁的最佳拍档》不但有理论高度，更体现了艺术的宗旨：真、善、美。这些年，白云清洁就是在这个理论指导下创造了诸多奇迹！

——白云清洁 CEO　黄绍华

总裁不再问责副总裁，而是问责 SBU，这是管理学的一大革新！

——中科招商董事总经理，广东十大经济风云人物　谢勇

非常实用，简单明了。通过对话体将管理难题抽丝剥茧，让读者身临其境。

——香港货柜车运输业职工总会主席，广东省政协委员　谢浪

紧张，刺激，精彩，犀利！《总裁的最佳拍档》算是对经典管理理论的彻底颠覆！

——新经济知识应用创新工作者，教授　张果宁

旁征博引，精彩纷呈！《总裁的最佳拍档》绝对是总裁和高管们的一顿管理学大餐！

——中山大学 EDP 同学会会长　吴海伦

真正的管理大师！

——美洲狮溜冰鞋董事长　温思源

书中处处体现了作者对管理学的超强洞察力！作者告诉了我们一个事实：传统的管理理论错误百出，是该革命的时候了！作者通过与总裁的对话，构建了一个全新的管理学大厦，非常简单，又异常深刻！

——广州直真科技董事长　陈俊

管理学从来没有这么简单过！副总裁不是总裁的下属，中层不是管理岗位而是专才岗位，业务和管理应该有一道分界线！畅快淋漓！

——广州嘉莱艺总经理　李东

引人入胜，博采古今、东西方的文化精粹，并融汇到管理学中，实在难得！

——淘宝大学广州合作机构　万艳

探讨企业管理话题的著作很多，但像荣华兄这样既轻松易懂，又颇有思想深度的作品真的不多，非常适合本土的管理者。

——陕西派诚 CEO　谢洪涛

这是我最近能够一口气读完的、唯一的一本讲企业管理的书！

——深圳金康光电董事长　袁钢

作为管理者、企业高层，既要广泛吸收各种管理学理论和思想，还要每日实践、不断摸索。《总裁的最佳拍档》这本书，既能当作思想明灯，也能当作行动指南，没有扎实的理论和实践功底，是万万写不出来的。

——广州锐中环保科技董事长　莫谋勇

这本书将管理理论与管理实践完美地结合到一起，我真心推荐给所有企业的总裁们！

——广州同道科技董事长　李明东

对身处公司高层的人来说，这本书十分值得一读，它打开的是一扇新的管理学大门！

——投资人　王泽翼

目 录

推荐序　当头棒喝，振聋发聩

微软大中华区副总裁兼政府与公共事业部总经理　曾良

　　荣华兄给我电话，说他的关于管理的新作即将出版，请我写序言。（我想，作为相识多年的同事，此情面如何也推却不过，起码要写下几百字应景之言，方不负所托。）

　　待我拿到书稿，一口气读来，有种欲罢不能的感觉。读罢掩卷深思，狂傲之心荡然无存，转而生出的是"此中有真义，欲辨已忘言"的感悟。书中是对实实在在的管理实践的总结和顿悟，书中有我自己的影子，有许多相识的企业家和职业经理人的影子。但书中的很多真知灼见，特别是围绕"最佳拍档"的细致诠释，却是对这些成与败交织的实践的归纳与升华，借助对话体的形式，娓娓叙来，却给会心者当头棒喝的震撼，与如今机场车站琳琅满目的所谓成功和管理专著真是相去不可以道里计也。而有一些振聋发聩的高论，让我生出拈花微笑的愉悦：

　　·为保证队伍的高效运转，最有效的管理是"只关注不指挥"。善哉斯言！但关心则乱，又有多少人能如此清醒自律？

　　·喜欢说教是总裁的原罪！妙极。

　　·"副总裁不是总裁的下属，中层不是管理岗位"，道前人未道之言！

　　·"创新其实只是一种自然的结果，而非目的。"读了这段，我深感认同。

　　·"天天生活在总裁圈子里的人就是总裁。"看来我该检讨自己的生活方式了。

　　初识荣华，还是在 2005 年初，荣华当时是我团队里才华横溢的咨询顾问，身上又很有些反传统的哲人气质。第一次敲开我的办公室，他告诉我："曾总，你应该更重视利用会议来强化管理。"从跟他的交流中发现，我这个糊里糊涂的总经理有如此多粗放的地方需要改进。此后的几年间，彼此的事业也有些分分合合的交汇，直到再聚于微软，发现荣华已经历练得更成熟，但身上那智慧而尖锐的光芒时不时仍流露出来。这本新作，就是这光芒一次集中而耀眼的闪现吧。

还有让我心里隐隐作痛的是，这书中的我（尽管荣华兄隐去了所提及人物的姓名和身份）是屡屡被作为有待改进的反面典型的。看来我要尽快转变，待荣华兄下部著作问世时，争取能被作为亮点实例提起。以此目标自勉！

推荐序　经济学和管理学的第一次真正相遇

《自主权利的道德界限》作者，国务院特殊津贴专家　王国乡

　　荣华请我为他的新书作序，一开始我感到有些为难，因为我的研究重点是市场，而不是企业。但是转念一想，我所研究的市场是自主权利人的市场，而市场配置资源的主角是企业，它们作为自主权利人进行的自主选择即是生产要素的最佳组合。因此，从广义来说，我所研究的"等边际原理"也应当对企业管理有足够的指导意义。下面我从两个方面谈一下自主权利与等边际理论对建设市场经济制度和建立现代企业制度的意义。

　　第一个问题是：为什么经济人的自主选择能够实现社会整体资源的最优配置？

　　我在《自主权利的道德界限》一书中运用边际分析（微分增量分析）方法阐明，在个人和企业分散决策和自主选择条件下，市场经济机制调节资源的最优配置，实现社会利益最大化的基本经济规律——等边际原理（这一规律在西方经济学中称为"帕累托最优境界"或"帕累托标准"）。这一经济规律证明，社会的资源配置是以企业（或个体经营者）的自主选择实现生产要素最佳组合——边际收益均等为条件的。因此可以说，等边际原理是支配人类经济活动的普遍规律，而这一规律的形成又是以个人平等和自由选择为条件的。

　　古希腊人崇尚自由和民主，古罗马人崇尚法律和信用，进一步延伸这个逻辑，将推导出"神"——客观经济规律——的存在。只是，这个神是多种"神"（多种规律）的并存，并没有达到最高理论抽象。后来基督教出现，耶稣试图将唯一的神和人人平等结合起来，才出现了天主之城和凯撒王国的真正共和现象。

但是问题并没有到此为止，直到新教改革，人们才迎来了一个崭新的时代，即市场和公司的时代。关于这个时代，亚当·斯密、马克思·韦伯、德鲁克和钱德勒都有大量的研究。只是，他们的描述更多地都停留在定性分析和平均数分析的框架之内，未能揭示出人类经济活动中极其复杂的函数关系。这使他们的研究不仅有很大的局限性，甚至误入了否定个人自主权利的极权主义的歧途。

不过别忘了，新教还刺激了两种思想，一个就是大陆的理性启蒙，这个分支让中国古人的"自然秩序"哲学在欧洲大陆得到了重生，为个人自由选择和"有限政府"理论提供了宝贵的营养；第二个分支就是马克思、列宁的共产主义。后者提出的计划经济思想正是以否定个人自主权利和自由选择为特征的。

新教和欧洲启蒙运动，构成了一个实验阵营；马克思和列宁的共产主义，构成了另一个实验阵营。历史的吊诡就在这里，我身处共产主义阵营，在特殊历史背景条件下，用亲身体验来分析计划经济的弊端，探索资源配置的最优原则，得出的结论竟然与西方经济学的结论完全一致！从亚当·斯密的"看不见的手"的理论直至西欧边际革命之后的"看得见的手"的边际理论，竟然与我的探索之路完全吻合。

我的研究核心结论就是：只有个人成为拥有自主权利的个体，市场供求机制才能形成，才能发挥调节资源配置的功能。也就是说，当个人以本位利益最大化作出的选择达到边际成本等于边际收益时，社会的整体利益就会达到最大值。何为市场机制？就是个人完全是自主权利的个体，完全为自己精打细算（但不损害他人）；就是企业作为法人组织完全是自主权利的个体，完全为自己精打细算（但不损害他人）。这种精打细算是形成市场价格并调节资源达到边际收益＝边际成本＝价格，从而实现资源最优配置的决定因素。

市场经济道德的本质是自利不损人。利他主义是非市场经济社会的

"道德"，它与人的自利的本性（自己满足自己的需要）是相冲突的。亚当·斯密在《国富论》中肯定个人追求本位利益，在"看不见的手"（价格机制）的调节下，可以促进社会利益。这就是肯定个人追求最大利益，但不损害他人利益，就是在履行市场经济道德。这种不损人或尊重人的道德，就是亚当·斯密在《道德情操论》中所说的"同情心"。这种同情心是爱人之心或尊重他人利益之心，而不是"利他"（奉送财物给他人）之心。这种尊重他人利益之心，是形成市场经济道德的基础。因为市场交换就是以彼此尊重对方的利益为条件的。只有两个自利而又尊重对方利益的人，才能进行互利的市场交换。因此可以说，市场和道德不是两张皮，市场就是道德，道德就是市场。

第二个问题是：管理学成为一门科学的标志是什么？

等边际理论是经济学第一次用数学模型，无可辩驳地证明了拥有自主权利的个体都追求利益最大化（但不损害他人）的时候，社会整体利益也将最大化。这是经济学被公认为一门科学的标志。

《总裁的最佳拍档》到底是一本什么样的书？关于这个话题，我和荣华进行过多次沟通。原来，荣华的书，是在回答一个大问题——管理到底如何成为一门科学。

自主权利原则和自利不损人的道德原则在国家制度的设计层面，已经取得了诸多成果，譬如：市场经济国家的政府所制定的法律都是以保护个人自主权利为目标，遵循自利不损人的道德原则的；法律规定政府不能参与经济运作，只能用政策间接调控；法律制定市场游戏规则，保护工会建设和言论自由，等等。也就是说，自主权利理论作为市场经济理论解放了一个阶层，即企业家阶层。有限政府理论让企业家第一次成为了一个拥有自主权利的阶层。关键是，管理学一直以来无法解决这样一个问题：如何让正式组织里的个体成为拥有自主权利的个体？

正如荣华在《总裁的最佳拍档》中提到的：传统管理大厦的诸多假设是错误的。即便是德鲁克眼里的管理世界，也还是认为企业是一个指挥的体系，董事会指挥总裁，总裁指挥副总裁，副总裁指挥中层，中层指挥一线。真是可笑，这个指挥体系，连"总裁的下属是谁"这样最基本的常识都没有搞清楚！

《总裁的最佳拍档》对于管理学的最大贡献在于，它第一次提出了一个全新的管理范式，这个范式就是：副总裁不是总裁的下属，两者是拍档关系；企业的业务应该到中层为止。这道分界线，就如同政府和市场之间的分界线。正如荣华在书中说的，拍档之间不应该存在任何指挥与被指挥关系，就如政府不应该计划经济一样。这道分界线，足以让《总裁的最佳拍档》宣告管理理论的全新时代已经来临。

更难能可能的是，《总裁的最佳拍档》并没有停留在理论分析的层面，而是结合了大量实践。这些实践，详细到了总裁和副总裁周一例会的分工，详细到了年终会议如何开，详细到了副总裁的费用管理，详细到了如何招聘中层干部，详细到了如何辞退员工。不但如此，作者还结合自己的切身经历，例举了海尔、微软、宝利通等诸多知名公司中大量的、精彩的制度设计和日常管理方法。

我非常高兴的是，《总裁的最佳拍档》中处处体现了"自主权利"的影子。我想，《总裁的最佳拍档》在管理学上的贡献在于：它第一次将"自主权利"原理落实到了正式组织里面。从这个角度讲，《总裁的最佳拍档》犹如孟德斯鸠的《论法的精神》。能把"自主权利"与企业这样的正式组织结合起来，没有深厚的理论基础和丰富的企业管理实践，几乎是无法想象的。历史选择了荣华来完成这个使命，我想这与荣华的特殊经历是密不可分的。

我的意见是，只要把自主权利和基于自主权利的等边际理论这些内容添加到《总裁的最佳拍档》中去，本书就足以成为一本全新的管理学原理标准教材。孟德斯鸠的《论法的精神》提出的三权分立理论，结出了像美国宪法这样的国家制度硕果，国人必能利用《总裁的最佳拍档》中的原理，构建出更多的真正的国际化企业出来。期待荣华下一部著作《新管理学原理》的出版。

推荐序　为有心自我完善的总裁写的书

全国政协委员，香港青年交流促进联会主席，太平绅士　龙子明

在经济全球化、多元化的浪潮中，学习已经成为企业家的终生功课。我的朋友吴荣华先生呕心沥血写成的这本《总裁的最佳拍档》，涉及总裁修炼路上的诸多根本性的难题。当今的企业家，在接受了国学培训以及各种 MBA、EMBA、EDP 等工商管理课程训练后，已经熟谙企业经营管理之道，同时也具备了整合资源能力、决策能力、创新能力、应变能力，还有掌握宏观政策、前沿信息等各种经营企业的能力，但这本书涉及总裁修炼路上的诸多根本性的难题，却是作者 12 年来与上百位优秀总裁深入探讨管理方面的难题得出的心灵顿悟，予人启示良多。

加强文化人格修炼、提升个人修养品位、洞悉全球发展趋势、寻求跨国发展机缘，是构筑当代企业家新理念、新知识、新思想、新层次的新生态环境。由老板迈向企业家，由企业家迈向精神领袖，是锻造个人魅力、获得和谐生活状态的必然之路，也是每位企业总裁应具备的远见与卓识，更是中国企业融入全球经济主流的必然之路。企业总裁要突破瓶颈、实现跨越、完成转型，就要在自我修炼路上跋涉前进。读书的总裁是中国企业的希望，这本书就是为有心自我完善的总裁或未来的总裁而写的。

在企业总裁的素养中，细节是最个性化、最不可复制的。通用电气总裁韦尔奇（Jack Welch）被誉为"世界经理人的经理人"，但多数人对他的了解和尊重，并非是因为他在管理学基础理论上有多大的建树，而是他作为通用电气总裁身体力行的一些管理细节：手写便条并亲自封好后给基层经理人甚至普通员工；能叫出 1000 多位通用电气管理人员

的名字；亲自接见所有申请担任通用电气高级职位的人，等等。可见，人性化、关注细节对于管理者而言多么重要。

格调与魅力是一对孪生姐妹。格调是一种境界。它源自思想，源自豁达而不失细腻的人生观和世界观。总裁的自我修养是适合战略领导人的"内功"，可应用于其职责的各个方面。由于它需要实践智慧——智力、经验和美德，因此它无法像一门科学或一项技能一样地被教导。但是，像任何一门艺术一样，那些拥有这方面智慧的人都可以学会它。

心胸有多大，事业才可能有多大。做人、做事是一个道理。管理者在工作中应有"海纳百川，有容乃大"的姿态，以一种感恩的心态看待工作中的得失成败。行善可开运，因为没有人能独自成功，所以需要让更多的人帮助我们迈向成功。正所谓"智者找助力，愚者找阻力"，这就要求管理者对于工作中伙伴、同事、下属抱有感恩、合作的心态。

阅读本书，你会感到管理者的自我修养体现于：保持愉快心态，成功驾驭人、事，对人宽容礼让，处世从容淡定，能借事练心，善事中会理，融会贯通管理中的情与法、方与圆、柔与刚。命运之神两次敲打作者，让他恍然大悟，德鲁克（Peter F. Drucker）直到晚年都想解答的世纪管理难题，蕴含在双权威体制的组织中。本书启发我们，没有完美的个人，只有完美的体制；完美的体制造就完美的个人。

一个企业再高，高不过它的老总，老总是企业金字塔的塔尖；一个人再高，高不过他自身，自身是自身的局限。要管理别人，首先要管好自己。所以，企业老总要突破自我、挑战自我、超越自我。一个不断完善自己，敢于时刻面对自己，自省鞭策，并对自己有改进要求的管理者才有资格去要求别人，才能创造一支严谨、积极、创新的团队。

斯利姆（William Slim）将军说："领导是关于精神的。"因此，总裁的自我修养永远是一门艺术而非科学。你的这门艺术修养能到什么程度，取决于你的天赋、你的机会和你学习的意愿。本书从人的本性和历史角度来谈领导，因此，全书读起来不像一般的管理学著作那样枯燥晦涩，倒是让人很有阅读的愉悦。本书是那些渴望领导大型公司或组织的高级管理人的有益读物，同时也是那些想主导自己生活的人的有益读物。

推荐序　回归常识，管理学本应趣味盎然

西南财经大学金融学院院长　刘俊

　　如何才能做一个好的总裁？总裁与副总裁应该是什么样的关系？中层是管理人员还是专业人员？如何保持现金流不断裂？对以上问题以及一系列总裁之道的问题，本书提出了独到的看法。虽然书中举的是全国性的公司的例子，但是对小型公司的总裁也会有所启发，同时让人思考如何做好上级、领导、老板、老师、父母。

　　我的一位好朋友是一个公司的老总，公司运营状况很好。她读了本书之后，一方面对作者的许多观点十分欣赏，大发"英雄所见略同"的感慨；另一方面她在自己身上也看见一些"李总"的影子。

　　本书的一个主要的观点是"只关注不指挥"，这让我想起我的中学班主任。学校的班主任也像总裁，在一定意义上还是独裁者。我的班主任用作者的话说就是对同学关注，他了解每一个学生的性格和特点；他不指挥但极具煽动性，他根据学生的兴趣和爱好调动他们的积极性。几十年后同学们还津津乐道做他学生的快乐。

　　本书的对话形式让读者有在茶馆里同知心朋友一边品茶，一边侃侃而谈的感觉，很放松，有利于层层剥葱式地进一步讨论问题。

　　许多总裁都会有自己的体会和想法。作者是一个有心人，本书集中了许多新颖的观察和看法，实在，实用，像一面镜子，很值得一读。

引子

他目前服务于 Microsoft；

他曾经服务于在中国市场上堪称奇迹的卓越外企 Polycom；

他闯荡过许多家国内行业龙头企业；

12 年间，他与近 100 位总裁深入探讨过管理方面的难题。

他有幸两次进入一个崭新的世界——

第一次，他惊诧：

为何卓越的组织内部，常常出现两个权威呢?!

海尔有张瑞敏和杨绵绵，华为有任正非和孙亚芳，格力有朱江洪和董明珠，Microsoft 有比尔·盖茨和鲍尔默，Polycom 有李钢和王沛……

第二次，他恍然大悟：

原来，命运之神两次敲打他，是想让他明白，德鲁克直到晚年都想解答的世纪管理难题的答案，竟然就隐含在这种双权威制的组织中！原来，组织中除了上下级和同事关系之外，还有全新的第三种关系的存在！而这种关系，就是总裁彻底解放自我的那把钥匙！这种关系哲学，至今还在黑暗中沉睡而无人知晓。

剧本人物

吴荣华（全德陋室主人）

李　总（某上市公司总裁）

方式

饮茶、聊天

地点

全德陋室

篇 一

管理其实只有一个问题

　　人在3岁前，学会了两个最重要的能力：直立行走和说话。但是，父母是如何训练婴儿这两种能力的呢？仅仅是持续关注！只关注不指挥，竟然可以创造这样的教育奇迹！

　　绝大部分总裁都会呈现出三个特征：爱说教、喜欢在公开场合展望未来、喜欢冷处理。

　　管理其实只有一个目标，那就是保证队伍的高效运转。

人的奇迹是如何产生的？

吴：作为管理思想长途旅行的第一站，我们先聊点轻松的话题吧。

李：好啊！关于什么方面的呢？

吴：关于养儿育女的吧！

李：难道这个话题也与企业管理有关？

吴：关系真是太大啦。古希腊人的思维特点是喜欢比较差异，中国人的思维特点则是喜欢寻找相同点，我们就来找找养育子女和管理一家公司的相似点。人在 3 岁前学会了两个最重要的能力，您觉得是什么呢？

李：我想想，最重要的应该是说话的能力了，另一个……

吴：就是直立行走的能力，对不对？

李：是的！

吴：所以说话和直立行走，可以看成是一个人成人的标志。

李：是的。

吴：请注意，这两种能力，竟然是人在 3 岁前的生理阶段和智力状态下学会的。

李：真是神奇！

吴：现在，管理问题出来了，那就是，作为父母，我们是如何训练幼儿这两种能力的呢？

李：这个……请您说答案吧。

吴：3 岁前的孩子，因为睡觉时间不固定，只要眼睛睁开，就需要得到大人的关注，对不对？

李：是这样的。

吴：所以，照顾幼儿，仅仅靠母亲一个人的精力很难做到，两个人照顾幼儿最好。

李：对。

吴：我们也可以这样理解，两个人常常能创造奇迹。为何？因为两个人能轮流值班，能 24 小时照顾幼儿，两个人持续关注的机制，能突破时间的限制。

李：有道理。

吴：其实这个话题还可以展开。譬如许多 500 强企业，就能利用时差来创造竞争优势。

李：愿闻其详。

吴：很简单，西半球休息的时候，东半球可以继续工作，反之亦然。这样，产品的开发和生产就可以 24 小时不间断进行，而且没有增加任何额外成本。东西半球，就如两个人，一阴一阳，永不停息。我们现在回到主题，父母到底又是如何持续关注孩子的呢？

李：很有意思的问题。

吴：我们能否这样说，对于幼儿，父母只需持续关注即可？持续关注的意思，就是持续鼓励幼儿去尝试，但是绝不指挥幼儿如何做、能做什么不能做什么、什么是对的什么是错的，绝不批评幼儿。我们对于幼儿，其实只要求一点，那就是只要幼儿在努力尝试，就万事大吉了。不但如此，只要幼儿努力尝试，父母在旁边就一定会满心欢喜，甚至还常常喜泪盈眶，对不对？

李：那当然了，因为父母的指挥在幼儿身上根本就没有用武之地！

吴：这就是问题的核心所在了——"只关注不指挥"，这中间到底隐含了什么天机，大家想过没有？要知道，以幼儿的智力、体力发育阶段，竟然学会了人之所以为人的最重要的两个能力啊！

李："只关注不指挥"，却创造了人的奇迹，我从来都没有细细观察和思考过，原来幼儿的教育方法竟然包含了如此大的秘密啊！我想，也许是全天下的父母都是这样训练幼儿，所以大家不觉得有什么特别的。

吴：一直以来，我们认为人的差距是输在了起跑线上，即认为 3 岁前的教育是拉开差距的主要原因，这种认识其实是大错特错的。我们常常说 3 岁的孩子都是天才，这是什么意思？意思其实是说，几乎所有 3 岁前的孩子都聪明伶俐，3 岁前的孩子其实没有多大的差距，因为孩子 3 岁前都会得到父母的持续关注。人的真正差距不是从 3 岁前拉开的，恰恰相反，是从 3 岁后拉开的！

李：几乎每对初为父母的人，都喜欢逢人就赞叹自己孩子的天才举动，先生这样一说，我就明白了其中的道理，并不是孩子在这个年龄阶段有多聪明，完全是因为父母的"只关注不指挥"的教育结果啊！

吴：可见教育训练幼儿的方法是多么奇妙。我们从来不会指挥幼儿，仅仅是关注，却创造了堪称奇迹的伟业。我们能否推断"只关注不指挥"就是一切人与人关系的秘密所在？虽然 3 岁前儿童父母的教育方法各式各样，虽然他们的学历参差不齐，但是这些都不重要。只要关注，就能创造奇迹！

李：很有可能真是这样！

吴：让我们继续探索幼儿教育的奇妙之旅。不知道李总发现没有，孩子两岁半开始，就发生了一个很大的逆转。

李总：什么逆转？

吴：大概 2 岁半开始，孩子开始缠着父母，会提出很多很多的要求，譬如要求父母跟他（她）玩这个玩那个，进了超市要买这个买那个，早上起床穿衣服非要自己选款式和颜色。这个时候，孩子常常会把父母搞得筋疲力尽。

李：哈，还真是这样，这个年龄阶段真是麻烦。

吴："真是麻烦"？这就是我们对这个年龄阶段孩子的看法吗？殊不知，这其实是孩子对父母两岁前教育方法的回馈啊！

李：怎么这么说？

吴：正是因为我们在孩子 2 岁前对他无微不至地关注，培养了孩子主动的品质。在 2 岁半的孩子眼里，周围的人那么主动和友善，所以，他一旦能行走和言语，就主动地出击，主动地去交往。但是，孩子两岁半左右的主动性像火山一样爆发的时候，父母又是如何应对的呢？我们不再继续两岁前"只关注不指挥"的教育方法，而是迫不及待地给孩子灌输对错是非的标准。这就是我们嫌弃孩子的原因，因为他们太有精力了，因为他们太不听话了。

李：天啊，照先生这么说，孩子太主动太有精力其实是父母"只关注不指挥"的教育硕果，但是我们很快就将其"阉割"了。

吴：就是这个道理！殊不知，不是孩子有问题，我们自己才是问题啊。

李：这又是什么意思呢？

吴：孩子主动回馈给父母时，父母又是如何对待孩子的呢？一类父母觉得孩子可以自己照顾自己了，很快就不再关注孩子，简单说来就是平时放羊，犯错时体罚。一句话，就是惩罚代替了关注，这种情况在农村非常普遍。一类父母则是把是非对错看得比天还大，觉得孩子可以对话了，就不应该犯任何错误，孩子的一切吃穿住行，都必须按照父母的标准进行，而且还认为自己犯过的错误不应该在孩子的身上重犯，这样连孩子的个人权力都被剥夺了。我们父母怎么对我们，我们也会如法炮制对待自己的孩子。

李：我现在才明白，父母对孩子的教育其实完全是区别对待的，孩子3岁前是一种，3岁后又是一种。3岁前是只关注不指挥，3岁后则是用标准和方法代替关注。

吴：也可以这么说，"只关注不指挥"是对人的关注，而追求方法和标准其实是对人的物化。前者是爱，是圆满；后者是恨，是对抗。

李：这个判断很准确。

吴："只关注不指挥"中的"关注"，其实还可以用"共事"两个字替代。"共事不指挥"的意思就是说，孩子3岁前，我们的世界常常和孩子的世界互为一体，我们的活动和孩子的活动是一体的，我们设计各种游戏让孩子参与，我们和孩子一起跳舞、画画。关键是，在"共事"的过程中，我们只是关注和鼓励孩子，并不指挥。

李：确实是这样的。

吴：但是孩子 3 岁后则大不一样了。我们的活动中越来越没有了孩子的影子，哪怕和孩子游戏、和孩子游个泳，都觉得是一件不得已而参与的事情，是不是这样？以前我们和孩子处在共同的世界，而现在开始则割裂为大人的世界和孩子的世界，交集越来越少了。

李：先生的观察真是细致入微。

吴：说是 3 岁，其实是取平均值。很多家庭，在孩子两岁半开始就急不可待地用自己的方法取代以前的"共事不指挥"了。给人的感觉好像是父母不得已忍耐了两年多，终于等到孩子可以对话，终于可以实施自己认为是对的教育方法了。99% 的父母都会开始用各式各样的指挥去替代关注，很少有人能延续孩子 3 岁前的教育方法。

李：是的。

吴：如果比较这两种方法，农村的体罚式教育相对来说还好一点，因为平时父母忙于田间，根本没有时间关注孩子，但孩子至少还有试错的空间，而后者，孩子连试错的机会都没有了。

李：嗯，确实是这样。

吴：后者的父母往往很快发现，规矩定得越多，孩子离自己的要求却越远。慢慢地，父母就越来越依赖于学校、专家和金钱了，再后来，父母感觉孩子越来越是一个问题了。这种教育方式下长大的孩子，从来就没有真正为自己活过。

李：那么农村式的教育方法会有什么后果呢？

吴：就如前面说的，农村的教育方法是简单粗暴的惩罚。结果呢？因为父母过早的视而不见，导致孩子小小的心灵树立了一种观点，那就是，这个世界是恶的，只能靠自己。还有一种疑惑会伴随孩子的一生，即"为何自己最亲的人那么无情"。这种教育方法会让人养成把失败的原因归咎于外部的习惯，当他们接触到弗洛伊德的思想时，就会更容易地把自己的问题归咎于童年的"不幸"。

李：真是佩服先生的洞察力啊！这不就是说，"只关注不指挥"可以得到天才，而指挥、干涉只能得到平庸吗？

吴："只关注不指挥"最大的好处在于，它能让孩子保持持续的激情。而所谓的是非对错，孩子会在不断的尝试中自然而然地做出判断。注意"习惯"这两个字，习惯的力量何其大啊！譬如，一个孩子从小养成了早起和乐观主动的习惯，有可能一辈子想改都改不掉。回顾一生，我们很容易发现，对生命的激情就是人活着的理由，是一个人成就自我的唯一路径！再聪明的人，如果没有了生命的激情，就不会有意愿去创造；再聪明的人，如果总是把自己的过失归咎于外部，那么遇见挫折也会非常胆怯。

李：如此说来，培养一个人的最佳途径就是"只关注不指挥"的教育方法。

吴：您的归纳太棒了。我碰到过许多父母，总是担心如果不告诉孩子对错，孩子自己能判断是非吗？每当这个时候，我就会问这些父母，孩子3岁前您又是如何教育的呢？西方法律有一个非常重要的制度，即陪审团制度。在那里，一个人是否犯罪，并不是由法官而是由陪审团判断。这又说明了什么呢？

李：他们不依赖权威。

吴：王阳明说过，每个人内心都有一个良知，只要不受外界是非的污染，凭借本性就能让良知发挥作用。但是到底什么叫"不受外界是非的污染"呢？以孩子为例，只有3岁前的教育方式，才能让孩子内心充满力量，因为这种教育最大的好处是孩子不会把失败的原因归咎于外部，他们会为自己行为的后果负责。父母担心，如果不指挥孩子他们就不知道是非标准，其实只是父母内心的折射而已。

李：想不到，3岁前孩子的父母，其实都是伟大的教育家，而之后，他们却又忘记了自己的这种超强能力！

吴：这样说还不太准确，前3年的教育方式，其实是孩子馈赠给父母最珍贵的礼物。生命在人为父母的时候，其实都向其打开了一扇窗口，只是，没有几个人窥探到了其中的秘密。

李：神奇！人类几千年来，无论哪国父母，原来都是用"只关注不指挥"的方式"管理"幼儿！

总裁的"原罪"

李：关于幼儿的教育，先生的观察真是深刻！

吴：其实我是得益于对《道德经》的修持。老子就很喜欢观察幼儿的许多特征，从而得出许多惊人的关于"天人合一"的结论。

李：看来我也要好好学习一下《道德经》才是。

吴：注意，我说的是"修持"，而不是简单的学习。学习给人的感觉是阅读文字，而修持则是一种生活方式。譬如吃素和打坐，这些活动可以让人对"圆满"的理解愈加深刻。如果仅仅是文字上的阅读，有些境界是永远也无法体会到的。

李：举个例子如何？

吴：譬如吃素吧，如果你从来没有持续过吃素一段时间，无论怎么看书，也无法体会到其中的乐趣，无法体会到"戒杀心"之后的圆满感觉。这就好比一个人没有吃过西瓜，无论你怎么对他说吃西瓜的感觉，他都无法真正体会西瓜的味道。

李：原来"修持"这么重要啊！我过去也喜欢看道家、佛家的经典，总感觉那些东西与生活太远，原来是自己远离"修持"的缘故。

吴：圆满的理解需要相当的智慧，不通过长时间的修持，很难领悟。为何父母进行了 3 年可以称之为世界上最伟大的教育实验，还是不能醒悟过来呢？现在我们回到企业管理的话题。我发觉，绝大部分的总裁都会呈现三个特征。

李：请说说看。

吴：第一个特征就是喜欢说教。这个特征，无论是在大公司还是在小公司，情况都非常普遍。

李： 体现在哪些方面呢？

吴： 譬如在饭桌上，喜欢当着员工的面，畅谈自己对行业的认识，畅谈自己的见识，点评公司的大事小事；譬如，把周例会变成自己一个人的培训会；再譬如，在项目进行过程中，经常随意指挥下属下一步应该如何如何，不一而足。

李： 我就是这样的，难道这有什么问题吗？

吴： 先让我把第二个特征说完。很多总裁的第二个特征就是喜欢在公众场合展望未来。这些公众场合包括月度、季度、年度大会，面对媒体时，在各种论坛、演讲台上，等等。

李： 难道这样也有错？

吴： 何止错，错得太离谱了！古人不是说"得人心者得天下"吗？这到底是什么意思呢？

李： 我的理解就是让别人发自内心地跟随自己，不是说"士为知己者死"嘛！

吴： 那请问您，到底如何才能让一个人发自内心地跟随自己呢？又如何让一个人"士为知己者死"呢？

李： 这个方法就太多了，难道会是唯一的吗？

吴： 看来您的想法，就像很多人挂在嘴边的一句话——"管理本质上就是一门艺术，怎么可能有唯一的标准呢？"

李： 难道不是吗？难道在先生的眼里，管理已经成了一门绝对的科学吗？

吴： 这个问题暂且搁在这儿。还是回到主题，到底如何得人心呢？联系一下幼儿的教育方式就可以发现，"只关注不指挥"，这中间隐含了一个非常关键的假设，即一个人的成长完全得益于外部的关注。关注的本质就是爱，在关注的环境下，一个人哪怕碰到各种失败和痛苦，他都能够承担，不会把原因归咎于外部。成功了，他一定会对周围的人和环境充满感激；而失败了，他会主动承担责任和后果。

李： 很有道理。

吴： 现在联系一下总裁的两个特征，总裁爱说教的本质是什么呢？

不就是指挥吗？总裁在公众场合展望未来、畅谈战略，不就是告诉别人，公司经营得好都是自己的功劳吗？这不还是在指挥大家按照自己说的方向前进吗？

李：这中间竟然还隐含了这样一层意思，真是从来没有想过。

吴：喜欢说教的总裁，常常就是喜欢预测未来的总裁。说教也好，预测未来也好，其实本质上就是指挥。

李：原来如此！

吴：一个总裁，你与他对话几分钟，就能甄别他内心力量的强弱；一个总裁站在演讲台上，只要听听他讲的内容，就能明白他公司的状况。

李：请先生举例说说看。

吴：我听过许多总裁在大学的演讲。很有意思的是，级别越高的总裁，越喜欢讲过去的成绩、赞美自己的队伍；而普通的总裁则明显喜欢畅谈未来。前者的演讲没有总裁自我的影子，而后者只听到一个人的声音。

李：这又意味着什么呢？

吴：一个当下无比强大的人，用得着当众畅想自己的未来吗？没有现在的人，才会用未来来安慰自己呀。语言其实是人内心的自然流露，通过一个人的讲话内容，很容易察觉他的内心状态。想想乔布斯，想想韦尔奇，他们有什么共同特征？他们难道喜欢预测未来吗？

李：这样说来，总裁难道不应该在公众场合发表自己对某件事情的观点，或者发表对未来的观点？

吴：物理的世界就是无常，无常必然呈现失败和成功两个维度。一个喜欢预测、喜欢说教的总裁，不就是让自己处在一个是非的世界中吗？如果有时间，我们还可以详细展开，这里面的学问大着呢！

李：原来这中间还隐含着这么深刻的道理啊。那么第三个特征又是什么呢？

吴：第三个特征就是"冷处理"，或者说不敢批评人。

李：哦？这不是和前面的说教相矛盾吗？说教不就是批评人吗？

吴：真的吗？如果您仔细观察喜欢说教、喜欢展示战略蓝图的总裁，就会发现，他的说教其实都是关于方法和技巧的，而对员工是否投入几乎不提及。

李：还请先生举个例子。

吴：譬如某个员工的工作效率特别低，总裁常常不会从员工的投入程度找原因，而是说教员工应该如何提高时间管理的技巧。一个喜欢说教方法和技巧的总裁，常常会觉得批评员工的投入程度伤感情。

李：天哪，我平时正好也是这么做的呀！

吴：我见过太多的总裁，当他们发现自己的说教一直无法改变某个员工的绩效时，接下来采取的方法，几乎清一色是"冷处理"。这些方法包括不对话、拖延费用报销、暗地里物色替代人选等。

李：我也是这么做的。难道还有更好的方法吗？

吴：不知道您注意过没有，管理卓越的公司中，总裁常常脾气很大。关键是，这些总裁脾气大在哪方面呢？

李：还真没有注意啊。

吴：这些公司的总裁，几乎不会因为方法而说教，而是因为员工的投入程度大发雷霆。员工的投入程度，其实就是"士气"。关于这个话题，我们下次再详细聊。我接触的总裁几乎都认同，教员工技巧的管理方法几乎没有任何效果，而"冷处理"则常常造成劳动纠纷，甚至是员工的记恨，而且还容易造成公司的不良氛围。

李：确实是这样的。

吴：您不觉得很奇怪吗？一个喜欢说教的总裁，恰恰又是喜欢"冷处理"的总裁。

李：这简直是我自己的写照啊。

吴：关键问题是，这些总裁为何喜欢"冷处理"呢？难道不是指挥的缘故吗？总裁以为只要去要求别人，就能得到自己想要的结果。殊不知，这个假设是大错特错的啊。

李：看来，还是指挥的错。

吴：这中间还有别的学问。譬如，为何一个喜欢说教和"冷处理"

的总裁身边，副总裁常常都是清一色的"和事佬"呢？

李：还真是如此，我身边的副总裁常常扮好人，我则常常扮恶人。

吴：哈哈，我这里再深入展开一下。一个喜欢指挥的总裁，他身边的副总裁会觉得安全吗？一个觉得自己随时可能会被公司"炒鱿鱼"的副总裁，会敢于批评自己的下属吗？

李：感觉先生说得很有道理，但是还是有点不太明白。

吴：不急，慢慢来，背后的原因和解决之道，我们在以后的谈话中慢慢聊。我们再回顾一下前面的话题。父母是如何得到 3 岁的天才的？不就是"只关注不指挥"吗？孩子的事情是孩子的，孩子的事情是属于孩子的世界的；孩子自己的世界是孩子全部尊严的所在，是孩子全部人格和力量的所在，绝对不允许外面任何人染指。而父母只要持续关注、持续鼓励，保持孩子的激情和主动性才是重中之重啊。

李：这样一说，我就明白了，得人心的妙法就是"只关注不指挥"。这样，就能得到对方整个人。如果指挥对方，成功了是自己的功劳，而失败了则是对方的责任，这样的领导方法是不可能得到人心的。

吴：总结得不错。不过，我们还可以拔高一点，幼儿的"只关注不指挥"，不就是关注人本身吗？能否说，关注人才能得人心呢？

李：您的意思是说，总裁的说教和展望未来，关注的其实不是人，而是事。

吴：关注事并没有错，譬如总裁自己职责范围的战略思考，就必须同时关注人和事。错误在于，当我们想从他人身上获取事情的结果时，我们常常把对方物化，只要结果，并不关注人本身，所以就认为指挥是天经地义的。

李：我明白了，如果我们想从员工身上得到某种结果，就必须关注这个人。就如我们要幼儿学会语言和直立行走，就必须"只关注不指挥"。

吴：不错。补充一点，公司想从员工身上得到某种结果，如果任务非常简单，则很多方法都可以奏效，但如果是创造性的任务，则只能关注人。

李：看来，对于高管，对于业务骨干，只能通过"只关注不指挥"的领导方法了。这样说来，管理不就非常简单了吗？"只关注不指挥"就可以了啊。

吴：李总现在明白为何许多公司高管流失严重的根本原因了吧。

李：我明白了，根本原因就是总裁指挥的缘故。

吴：对，这就是我的核心观点，总裁的原罪就是指挥！当年李东生请教杰克·韦尔奇的一个重要问题就是"怎么让高管团队持续地保持创业激情"，您现在知道答案了吧？

李：就是"只关注不指挥"！

吴：我前面说的是父母对孩子的关注，并没有说明父母之间的关系，在对孩子"只关注不指挥"的过程中，父母之间又是何种关系呢？要知道，父母除了关注孩子之外，还有许多工作要处理。高管就如父母，高管之间的关系就如父母的关系，所以，李东生的问题其实包含了两个问题，一个是高管和中层的关系，二是高管之间的关系。也就是说，组织是一个庞大的体系，"只关注不指挥"是一个系统，而非一个简单的技巧。

李：这确实是一个系统的问题。

吴：还有一个大问题是关于组织模式的。其实家庭也是一个既有投入又有产出的组织，家庭本身就是一种组织模式。组织模式千差万别，所以家庭也就千姿百态。公司也一样，公司的存在也依赖于一种组织模式。

李：那"只关注不指挥"和组织模式之间的关系是怎样的呢？

吴：问得好。这就是搭建"只关注不指挥"系统的精妙所在。总裁的核心工作是获取各种战略资源并制定战略方向。那么，"只关注不指挥"的任务谁来承担？

李：就是说，对于公司最高层，企业管理中有两个关键问题，一个是持续"只关注不指挥"，一个是战略资源获取和战略制定。

吴：这就是关键所在。如果两者机械性分工，譬如一个主内一个主外，则非常容易滋生"土皇帝"。两者之间怎样才能达到和谐呢？这两者是上下级关系吗？如果不是，又应该是什么关系呢？

李： 我真是迫不及待想要知道这些问题的答案啊！

吴： 不急，我们一点一点来聊。您有没有注意到一个奇特的现象，许多卓越的组织，总是有两个权威？

李： 哦？

吴： 譬如华为的任正非和孙亚芳，格力的董明珠和朱江洪，海尔的张瑞敏和杨绵绵，微软的比尔·盖茨和鲍尔默，等等。这说明了什么呢？

李： 您这么一说，我真是好奇，这两个权威在组织里到底如何处理关系呢？看来，先生给我展开的管理世界，与传统的管理世界根本就不是一回事啊！

管理只有一个问题

吴： 我们再聊聊公司里高管说教方面的百态吧。在管理实践中，我发现一种现象，就是管理者在会议上常常高谈阔论，把会议变成了培训课。

李： 这难道也有错吗？现在到处都在谈论培训的重要性啊。

吴： 是啊，还记得《第五项修炼》吧，简直把学习型组织吹到天上去了。不过，直到现在，我们又有几家公司明白到底什么才叫学习型组织呢？

李： 是啊，几乎每年都会有新潮的管理理论出来，就像这些年层出不穷的养生理念一样。

吴： 所以"跟风"并不是好的做法。我们回到管理的话题，我先问您一个问题，我们招聘一个人进来，事先就假定这个人完全符合岗位的要求，对不对？

李： 对，招聘的时候就是这样假定的，也是按照这个假定给予相关待遇的。

吴： 既然这样，这个人在岗位上的表现只取决于一件事，那就是这个人的投入程度。只要他投入了，就应该表现合格，是吗？

李： 原理上应该是这样的。

吴： 按照逻辑，如果这个人非常努力，但还是表现不合格，那只能说公司招错了人，这个人本身并没有错。

李： 是的。

吴： 现在我们能否得出一个结论，管理其实只有一个目标，那就是保证队伍的高效运转。道理很简单，只有在员工努力了的前提下，我们才能判断这个人是否符合这个岗位的要求；如果员工不努力，我们根本无法判断是这个人的能力问题还是我们招错了人。

李：所以，我们在判断一个员工时，只需要关注一个问题，这个人是否投入。中国有一句古话叫做"天道酬勤"，或者说是"人自助，天助之"，就是这个道理。

吴：道理确实很简单，不过在实践中却完全是另外一番景象。譬如，我经常发现管理者在检查下属工作时，总是会来这么一句"怎么会犯这样的错误呢"，接下来就开始说教，告诉下属该如何如何做。

李：确实是这么回事。

吴：我自己就听说过一个故事。一位朋友说，一次总部的副总裁来华南驻点，这位朋友上台述职，上台讲PPT还没到一分钟，副总裁就开口讲话了。

李：这位副总裁说了些什么？

吴：副总裁说："您进公司时，难道没有经过关于如何述职的培训吗？"这位朋友就照实说没有。这个时候，副总裁就站起来开始讲该如何述职，一讲就是一二十分钟。

李：哈哈，述职变味了。

吴：就这样，这位朋友没讲几句，就被副总裁打断。接下来的一二十分钟，就是副总裁的高谈阔论了。如此，述职报告就变成了副总裁个人的培训会。

李：其实，我一直以来也是这样的啊！

吴：整个述职会下来，基本是副总裁在"好为人师"，本来半天就应该开完的会，开到晚上11点都还没完！其实，这样做谁最累呢？

李：当然是副总裁啊！

吴：我这里只是针对副总裁而言，其实在传统组织里，绝大部分总裁又何尝不是如此？

李：我现在明白自己这些年为什么这样累了！那么正确的做法是怎样的呢？

吴：管理者其实不需要告诉员工如何如何做，更不需要在正式的会议上当"讲师"。管理只有一个问题，那就是问员工"你在哪里"，绝不是责问员工"你连这样的事情都不会做吗？来，我来教你怎么做"。

李：不过，现实中好像很难这样实践啊。

吴：为什么难做到呢？一个重要原因，就是公司的问题员工太多了。我见过不少公司，不符合岗位要求的员工比例竟然高达100%！

李：先生讲得太对啦！正是有的员工对工作投入程度低，不能胜任他们的工作，才搞得我不得不好为人师啊。

吴：其实，许多总裁开始时还有耐心教，后来就演变成骂人了！那种行为，还是好为人师吗？要我说，那种管理，已经演变成歇斯底里了！

李：先生说得太对了！

吴：不过，我要告诉李总的是，世界上有一些卓越的组织，在那里，总裁或者副总裁在排查大区总监时，从来不会告诉总监如何如何做，只是问总监一个问题："你上周到底在哪里？"

李：这是什么意思呢？

吴：就是只关注总监的投入程度啊。"上周在哪里"的意思，就是问总监上周每一天到底干了些什么，上周的时间到底是如何用的。如果问题严重，还可以问到总监上周每一天的每一个时段在干什么的程度。

李：我明白了，一个人的投入程度，只要看看他干了些什么事情，就能判断出来了，管理只要管住员工投入的程度就已经足够了。

吴：很对。其实，关于问话的技巧还有一个经典故事。在《圣经》中，不是记载了亚当和夏娃偷吃禁果的故事吗？

李：这个很多人都知道啊。

吴：您知道，神在知道亚当、夏娃犯了错误之后是怎么处理的吗？

李：这个还真不知道。

吴：这个在《圣经》中有清楚的记载。"天起了凉风，耶和华神在园里行走。那人和妻子听见神的声音，就藏在园里的树木中，躲避耶和华神的面。耶和华神呼喊那人，对他说：'你在哪里？'"

李：这个怎么解释？

吴：难道神不知道他们干了什么吗？当然知道！大区总监的项目和业绩出了问题，难道总裁和副总裁不知道原因吗？当然知道！

李：那么，他们怎么都明知故问地问"在哪里"呢？

吴：因为时间才是维度啊！只有这种问话，才能清晰地表明高层的意图。员工的使命只有一个，就是全力投入工作。也只有这种问话，才是最好的"轭"啊！说到这里，李总难道没有发现，我说的这种管理方法正好与孩子 3 岁前父母的教育方法一模一样吗？

李：请先生再仔细说说。

吴：3 岁前的孩子，只要努力尝试，就能创造奇迹；公司的员工，只有努力才能检验其合格与否。两者的假设其实是一模一样的啊。教育员工也好，责骂员工也好，会议上培训员工也好，"来吧，我来告诉你如何如何做"，这些行为，本质上是什么呢？不就是指挥吗？

李：我大致明白了。3 岁前的孩子，恰恰是因为远离了指挥的环境，父母创造了一种让孩子"积极尝试"的环境，所以孩子能创造奇迹；而公司则是因为总裁和副总裁创造了让员工"高效运转"的环境，所以才造就了世界级的卓越组织，是这样吗？

吴：这不就是说，管理只有一个问题，那就是如何创建一个高效运转的机制吗？其他的都是浮云啊！

李：真是大受启发！难怪许多卓越的组织，在总裁们谈到企业文化时，都特别强调一个共同的东西，如微软和通用电气的"激情"、水果捞的"积极性"、Polycom 的"专心"，等等。这和幼儿的努力尝试完全是一个意思啊。

吴：说得不错。问题的核心是，如何创造一个员工高效运转的机制呢？如果幼儿的积极尝试需要父母两个人的关注，那么，员工的高效运转也需要两个人的持续关注。

李：员工的高效运转也需要两个人的关注？难道是类似父母的管理结构吗？

吴：您快接近答案了！

篇 二

副总裁不是总裁的下属

　　副总裁不是总裁的下属！营销出了问题，总裁就去问责副总裁，这种做法根本就是错误的！

　　能力强的副总裁，常常拥有"土皇帝"心态，在部门内一手遮天，这并不是道德问题，而是由管理造成的。

　　卓越组织的内部，常常拥有两个权威，更重要的是，他们合作的时间通常都是以10年计的，简直就是终身制。

总裁问责的对象是副总裁吗？

吴：当企业的营销问题严重时，您会找谁问责？

李：那还用问，当然找营销副总问责啊！

吴：真的吗？我们换位思考一下，如果营销出现问题，营销副总裁被您问责，他心里会怎么想呢？

李：换位思考？营销出问题，问责营销负责人难道有错？营销副总对营销整体负责，那是天经地义的事！有必要换位思考吗？

吴：李总啊，我们这个谈话可不是那么简单，因为我将为您揭露一个天大的秘密。这个秘密，就连管理大师德鲁克也没有发现哩！

李：真的么？如此说来，我真是要好好听听啊！

吴：我们回到刚才的问题，总裁问责营销副总裁，营销副总裁心里会怎么想？

李：这个……

吴：这中间的逻辑很简单，当营销副总裁总是被总裁问责时，营销副总裁一定会想，保不定自己会在某一天因为业绩原因被辞掉。

李：有道理。我打工的时候也有类似的经历。

吴：接下来，营销副总裁最常见的应对办法不外乎就是两种：第一个方法，当然就是设法培植自己的亲信！营销副总裁一定会想，"我必须拥有自己的亲信，这是我的资本，届时，如果公司想炒掉我，我手里不就有谈判的筹码了吗？"

李：那另外一种呢？

吴：第二种方法，就是利用自己的职务便利，插足区域业务，直接扑在订单上。只要在做大单时接触上客户，就直接与之联系而不让区域总监知道。

李：只要把单搞定，大家也不用分得太清嘛。

吴：哈，李总也是这样认为啊。您这种话，我以前也听过。每次大区总监和副总裁闹矛盾的时候，总裁就当和事佬，说什么"大家都是同事，是兄弟姐妹，大家的动机都是好的嘛"，诸如此类。

李：总裁这样做有什么问题么？

吴：副总裁自己充当业务员，插足区域事务，动机还是好的吗？他这是在迎合总裁啊。

李：怎么说？

吴：总裁问责副总裁的公司，一个必然的现象，就是队伍的水平普遍平庸。这样，公司就会自下而上弥漫着一股为达目的不择手段的气氛。在这种"只要结果不要过程"的文化下，总裁当然只会欣赏那些能搞定订单的人，管理哪还有什么层级啊？

李：先生说的，简直就是我公司现在的真实写照啊！

吴：如果副总裁的能力强，培植自己的亲信，那就会导致很严重的后果。一个十足的"土皇帝"将诞生在总裁的鼻子底下！

李：这种情况，好像在家电行业就有很多。

吴：问题是，我们的总裁谁想过，"土皇帝"的诞生是由于问责副总裁导致的呢？

李：其实我一直想不通的是，为何能力强的副总裁总是有"土皇帝"心态呢？我一直认为这是因为副总裁的道德问题导致的。

吴：问题就在这里。我们常常把营销副总裁的"土皇帝"心态归咎于道德问题，这其实是天大的谬误！

李：管理学告诉我们的"上司问责下属"，难道是错的？如果真是这样，那真是天大的新闻啊！如果总裁问责副总裁是错误的，那正确的答案又是什么呢？

总裁问责副总裁是错误的

吴： 李总，我先申明一点，我所谓的秘密，并非自己的发明。我告诉您的，其实是一些世界级卓越组织里的一种现象而已。我交往的公司总裁可以分为两类，他们在营销出问题的时候，一类总裁拿营销副总裁开刀，另一类总裁用的却是一种截然不同的做法！

李： 请举例。

吴： 常见的总裁，都是这样对营销副总裁说："王总啊，现在公司的销售业绩不好，而且应收账款问题很严重，你是公司的营销负责人，你打算怎么办啊？你有什么对策？"

李： 这也是我常用的方法啊。那另外一种方法是什么呢？

吴： 另外一类企业总裁，譬如海尔、Polycom 中国公司的总裁，碰到类似的情况时，会这样对营销副总裁说："老王啊，公司的营销问题现在比较严重，看来区域的问题应该马上着手解决，看看我们如何分工吧？"

李： 这两种问责，它们本质上有什么不同呢？

吴： 这两种方法简直有天壤之别啊！第一种情况，总裁是把营销副总裁当直接下属看，总裁认为自己既然是副总裁的上司，当然有权指挥自己的下属；而第二种情况下，总裁根本就没有把营销副总裁当下属看，而是一种全新的伙伴关系！

李： 全新的伙伴关系？组织里面的人，不是上下级，就是同事关系，难道还有另外的关系存在吗？

吴： 就如您所说的，组织中人与人的关系，除了上下级、同事，还有其他的关系存在吗？我们可以用图表示如下。

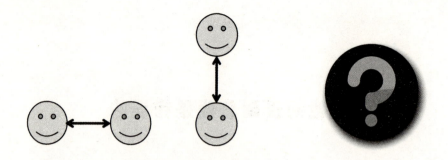

李：这第三种关系究竟是什么样的呢？

吴：在微软的时候，我曾经与一位同事沟通过这个问题，他当时一听就惊叹于这其中的微妙之处。他当场举了一个例子，这就像一个家庭，当孩子出问题的时候，丈夫不能问责太太，而应该与太太一起商量："现在孩子怎样怎样，我们当如何如何……"

李：就是说，总裁和副总裁的关系，不应该是上下级关系，而有点类似夫妻关系。

吴：我觉得可以称为"最佳拍档"关系！

李：营销副总裁不应该是我的直接下属，而应该是我的拍档？

吴：没错。

李：营销出问题时，我不应问责他，而应该问责其他的人？

吴：没错！

李：先生啊，那我的直接下属到底应该是谁呢？我经营企业 20 年了，竟然连自己的直接下属是谁都没有搞清楚吗？

吴：恐怕确实如此。

李：照先生所说的来推导，如果我和副总裁是拍档关系，那副总裁的下属也就是我的下属了？如果这样，我又如何在日常经营中处理与拍档的关系？我们该如何领导自己的直接下属呢？我和拍档到底如何分工？这牵涉到太多太多的问题了。

吴：不简单吧？

李：看来您已经发现了一个全新的管理世界，我在这个新世界里面还没有找到方向呢！

吴：接下来，我们就继续谈谈我发现的"美丽新世界"，这可是个很大的话题。我将会用一种全新的视角，来剖析传统上对总裁和副总裁关系认识的天大误区！

一个组织内部应该有几个权威？

吴：我先问您一个问题，您认为一个组织里面应该有几个权威？

李：这个问题太简单了，当然是一个，不是说"一个人只有一个上司"，"一山不能容二虎"嘛！

吴：很长一段时间里，我也是这么认为的。直到有一天，我走进了海尔，再后来加盟美国Polycom公司，有幸发现了一个崭新的世界。比如说，海尔有张瑞敏和杨绵绵，华为有任正非和孙亚芳，格力有朱江洪和董明珠，微软有比尔·盖茨和鲍尔默，Polycom有李钢和王沛。

李：您是想说"一山可以容二虎"吗？

吴：您不是说一个组织只能有一个权威吗？为何这些企业却是双权威制呢？

李：这种现象一直就在我们身边，不过我从来没有去细想过。真的，为何这些组织拥有两个权威呢？这和常见的组织有很大的差别。

吴：您身边有哪些公司也呈现双权威制呢？说来听听。

李：譬如生产霸王洗发水的霸王公司，是圈子里出了名的夫妻拍档。

吴：还有呢？

李：比亚迪、富丽地产、神州数码等，或多或少呈现了这种特点。

吴：其实，我们只要比较一下单权威制和双权威制的公司，就会发现一些明显的差别。

李：哦？

吴：我们观察一下单权威制的公司吧，这类公司其实占了绝大多数。在这类公司中，少数公司的规模还不小。

李：先生觉得这些公司有什么特点呢？

吴：要总结这些公司的特点，只要在网上搜索一下相关的新闻就知道了。譬如软件行业的 K 公司吧，网上随便一搜，很多新闻竟然都是高层变动方面的。有一条是这样的："7 年内，副总裁流失人数竟然达14 个！"

李：这个我倒很少注意，也很少关注这类公司的总体特点。

吴：奇怪的是，家电行业的 T 公司也经常传出高管动荡的新闻。

李：难道只要是单权威制企业，都存在人才流失率高的现象吗？

吴：没错。根据我的研究，这类公司的最大特点就是人才的流失率高，尤其是高管。譬如，副总裁级别的人流失率就特别高。

李：如果单权威制的公司人才流失率高，那双权威制公司呢？

吴：在双权威制公司里则是完全不同的景象。这些公司无一例外，双权威的合作时间都非常长，简直就是终身制。我列了一张表，请看：

Google：拉里·佩奇和谢尔盖·布林	创始人
HP：戴维·帕卡德和威廉·休利特	创始人
Microsoft：比尔·盖茨和史蒂夫·鲍尔默	30 年
P&G：威廉·波克特和詹姆斯·盖博	创始人
DELL：迈克尔·戴尔和凯文·罗林斯	17 年
Polycom：李钢和王沛	8 年
海尔：张瑞敏和杨绵绵	23 年

李：从这张表来看，确实如此啊。

吴：在双权威制的公司里，我们看到，这两个人之间几乎都是10年以上的合作关系。如果深入这些公司，还会发现这些公司的其他岗位，甚至渠道的队伍，都出奇地稳定！

李：这不成了国有企业了嘛！

吴：应该说类似日本的终身制才对，因为这里是真正市场经济下的队伍稳定。

李：我一直觉得，在市场经济中，公司的员工来来去去算是最正常不过的事了，从来就没有接触过您说的这类公司。我甚至认为，队伍稳定，那是国有企业才有的事，与我何干？

吴：其实，我们稍微想想，就能明白核心队伍稳定有多重要了。要成就伟大的事业，一个必要条件就是长时间专注于它。大项目也好，一个好的商业模式成型也好，或者要把公司做到行业的前三名，都离开不队伍的稳定。据我的观察，这个稳定，常常是以10年计的啊。

李：10年？我的核心团队平均工龄不过三四年而已。

吴：请注意统计口径。我说的双权威制公司，其核心骨干一定是行业里的精英；我说的稳定，是这些精英在一起长时间合作的稳定。

李：如果以这个标准统计，我的公司里，可能一个合格的中层都没有，真是谈队伍稳定的资格都没有，无地自容啊！

吴：您现在知道为什么您觉得管理公司很累了吧。据我的观察，单权威制公司几乎逃不过"三年一轮"的怪圈啊！

李：唉，先生不说，我还以为终身制只是日本的特产呢！

吴：知道改进管理的目标了吧？

两个世界

李：看来，企业的不稳定，根本原因是源自于总裁和副总裁的关系啊！

吴：没错，这就是我的核心观点之一。从这里开始，我们会发现，组织可能处在两个完全不同的世界。我把一类公司所处的世界叫做"垂直对抗"，把另一类公司所处的世界叫做"太极圆满"。这两个世界的衡量标准，就是总裁和副总裁的关系。

李：请先生详解。

吴：在"垂直对抗"的公司中，组织结构图是下面这样的。在这种组织中，总裁想当然地认为，公司所有的人都算自己的下属。所以，这类公司的总裁认为副总裁是自己的下属，是天经地义、毋庸置疑的！

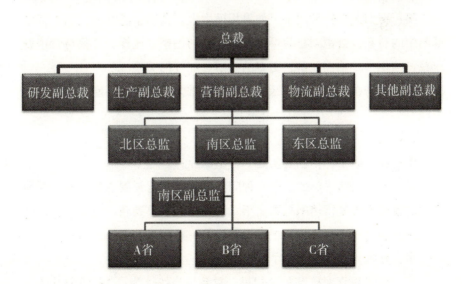

而在"太极圆满"的公司中，组织结构图则是下面这个样子。

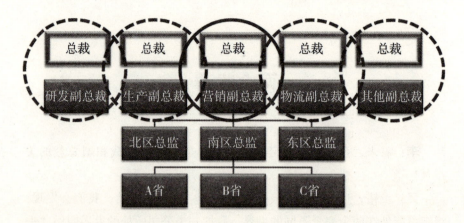

李：我明白了，光是从这个图就可以看出，总裁和副总裁是一种拍档关系，他们在大区总监的眼里，简直具有一样的权威。

吴：我这里只是一个示意图，并且着重谈的是总裁和副总裁的关系。我用总裁和副总裁的角色，是为了研究方便。其实在现实中，完全可以灵活应用。

李：譬如呢？

吴：譬如在营销部门中，如果规模太大，营销副总裁就相当于营销部门中的总裁，营销副总裁可以设置自己的拍档。这样，总裁与营销副总裁可能不再是拍档关系，更多的是财务杠杆的关系。

李：这是在总部，如果区域的规模非常大，是否也可能存在拍档关系呢？

吴：当然。

李：我明白了，拍档其实是一种组织原理。

吴：就如之前提到的，第一种问责的对象是营销副总裁，第二种问责的对象则不再是营销副总裁。第二种问责的对象到底应该是谁呢？这个话题我们之后再聊。我们现在先聊聊第一种问责的结果，如何？

李：好啊，我们一个一个来。

吴：在"垂直对抗"的公司里，总裁想当然认为："既然副总裁是我的下属，他当然要对我负责，既然他是营销的总负责人，当然要对营销问题负主要责任啦！"

李：我一直就是这样认为的呀，没想到这种假设竟然有问题！

吴：所以，总裁就想当然地认为，自己作为公司的CEO，理所当然是公司经营上的终极权威。

李：就如人们通常认为，董事会下面最好只有一个头，哪怕有董事长和总经理，也最好合二为一。

吴：嗯，至少美国人非常相信这一点，他们认为这样有利于决策和执行。但是，按照问责营销副总裁的逻辑，在总裁和副总裁的上下级关系里，就隐含了对抗的因子。

李：没错。

吴：如果公司的治理结构从一开始就基于一种对抗关系，结果会怎样呢？副总裁为了保住自己的职位，一定会培植自己的亲信，为何？副总裁仅仅是为了增加自己的筹码，非常自然地，他们一定会这样干。

李：嗯，这个您之前已经说过。

吴：其实，问责副总裁，仅仅是一个错误的开始。这里再举个例子，这个例子与问责副总裁非常相关——许多人认为营销副总裁既然负责营销，那么他就有义务搭建营销队伍。

李：是啊，我也这么认为的。

吴：所以，总裁就把营销队伍的"组阁权"拱手让给了营销副总裁，美其名曰"用人不疑，疑人不用"。殊不知，恰恰因为如此，一个"土皇帝"就此诞生了！

李：我理解了。按照"垂直对抗"组织中的逻辑，本来营销副总裁就想自己培植自己的亲信，他缺的就是"组阁权"，而公司这样做，真是正中他的下怀啊！这些错误就像一个链条！

吴：在"垂直对抗"的公司里，营销副总裁还会有许多可笑的举动。譬如他们会故意让自己的地盘呈现各种危机，这样，其实是想让公司明白，公司的营销工作离不开他，只有他才能维持这个局面。

李：其实这几种情况，我都曾经碰到过啊！我曾招聘过一个生产副总，因为我不太懂生产，也想当然地认为招聘车间主管是他的责任。不到一年，他就因为抱怨我干涉他的权利而离去。

吴：结果呢？

李：快别说了，结果一下带走了我4个车间的主管，完全扰乱了我的生产计划，害得我因交货期延误亏损了不少，最严重的是把几个重要客户给丢了。损失真是大啊！

吴：还有类似的情况吗？

李：不怕先生笑话，我自己也干过类似的事情。

吴：哦？

李：我是营销出身，曾经在一家大公司任华南区总监，就故意留一些空白市场不开发，自己负责的其他地方则搞得风生水起，我就是想让公司总部知道，这个地盘没有我不行。

吴：为什么要这样做呢？

李：问得好！因为总部营销副总裁时刻在营销体系中散播言论，谁完不成任务就要走人。而且，营销副总经常随意插手我区域的事情，时不时把我架空，这让我非常恼火，真是怨不得我啊！

吴：营销副总裁插手，您为何那么恼火呢？我来说说原因吧，因为您知道自己必须对区域的项目负责，而且，对项目的情况您最清楚。而营销副总裁呢？他插手一下就走了。但是因为他的出面，让客户觉得找副总裁可能会获取更多的资源，这样，客户就可能经常绕过您找副总裁。而副总裁呢？他怎么可能有那么多的时间放在项目上呢？

李：说得极是！项目在我这里，我是主动操盘，我会推动项目前进，我会和我的一线销售共同有策略、有节奏地开展工作。而一旦副总裁插手，因为副总裁根本没有时间关注项目的每个细节，所以，项目就停在了副总裁那里。客户找他一下，他就应付一下，结果可想而知。

吴：您那时有没有想过，为何副总裁会随意插手你区域的事务呢？当一个高管又应该干什么呢？总裁和这位副总裁到底又应该如何分工呢？他们的分工对您的区域有影响吗？

李：这些我哪里会去想？我已经被副总裁气得不行了，我认定这位副总裁就是道德有问题，而且能力差，从来没有客观地思考过其他原因！

吴：其实逻辑也很简单，我们稍微想想就可以明白。总裁问责副总裁，副总裁为了保住自己的职位，只好培植自己的亲信或插足区域事务。如果您作为大区总监不愿意"挺"他，他会怎么做呢？

李：我明白了。他一定会插手我的项目，越级指挥我的下属，让我名存实亡。

吴：这样，区域总监必然奋起反抗，哪还有什么心思做事啊。知道政治斗争的根源了吧？

"单一权威"在现实中根本就不可能存在

吴：绝大多数总裁，竟然相信这世界上一定有单权威的组织存在，这算是天底下最可笑的一件事了！

李：我们之前不是讨论过单权威和双权威的组织么？您现在却说没有单权威的组织，我有点糊涂了！

吴：真正的单权威组织，其实只是想象中的产物而已，在现实中根本就不可能存在！

李：怎么可能？随便翻阅一下历史，可以见到许多暴君，这些暴君不就是典型的单权威吗，我想先生是弄错了吧？

吴：历史上所谓单权威的暴君，真的就是单权威吗？如果我们深入了解历史，就会发现，很多情况下他们都受到了身边位高权重的大臣的鼓动。历史上所谓的暴君，其实是君王和这些大臣一起互动的结果。

李：您这么一说，我有点明白了。

吴：那些认为所有的人都是自己下属的人，根本就不可能实现单权威！

李：还请详解。

吴：我再强调一遍，单权威其实只是想象中的产物而已。我这些年接触过许多总裁，绝大部分总裁认为，自己是公司的大股东、大老板，所以，只有自己才是公司的终极权威。

李：这种想法到底错在哪里了呢？

吴：他们最大的错误就在于搞不清"权力"和"权威"的区别！其实，总裁作为大股东和总经理，虽然是终极权力角色，但公司经营中直接发挥作用的是权威而非权力。权力仅仅是权威的一个条件。

李：请举例。

吴：一个人要出色地完成一件任务，他首先必须能力出众，二是愿意付出。任何一个条件不满足，都无法出色地完成一件任务，对不对？

李：当然。

吴：但是，要让一个能力出众的人心甘情愿地付出，只有权威才能真正影响得了他。而那些认为所有人都是自己下属的总裁们，最大的麻烦，就在于常常对副总裁造成了极度伤害！他们认为，既然副总裁是自己的下属，那么问责他们就很正常，如果副总裁管辖的部门出了问题，那么责备、批评副总裁也很正常。

李：正是这种对抗，导致了副总裁的扭曲心理。

吴：这种扭曲的心理，会让他们做出各种匪夷所思的荒唐事情。

李：确实如此，我们之前也举了不少例子。

吴：在"垂直对抗"的公司中，总裁想当然地去问责副总裁，问责必然带有批评，批评必然带有点评。问责、批评和点评，只会让优秀的副总裁快速流失而已！这就像一个筛子，好的高管都会被筛掉，留下的都是混日子的庸人而已。虽然总裁批评和责问的欲望得到了满足，但是最受伤害的还是总裁自己啊。平庸的高管，不但浪费了总裁的宝贵时间，更丧失了大量的市场机会。更严重的是，这样的一支高管队伍不但抓不住机会，还会经常犯愚蠢的错误。这样，总裁旁边的高管，不但创造不了效益，还付出了极高的成本！

李：您这么一说，我终于认识到总裁问责副总裁的谬误之处了！

吴：远不止这些呢！因为总裁在办公室的时间非常不固定，公司常常就变成平庸高管的天下。有句话是这么说的："一个人进入某个公司是因为这个公司的品牌，而离开公司则十之八九是因为他的上司。"平庸的管理层，必然导致平庸的普通员工啊。

李：高管再平庸，也不会导致所有的员工平庸吧？公司肯定还是有部分可用之人的。

吴：李总您把"还有部分可用之人"当成了自己的成绩吗？这恰恰是一个组织病入膏肓的标志啊！当总裁和副总裁处于"垂直对抗"

的关系中时，留下来的不是"土皇帝"就是平庸之才。面对平庸的高管，总裁常常会越级去选可用的人。顺着这个思路，如果区域负责人能力太差，总裁就会一竿子插到底，越过区域总监，指挥一线员工了。自此，公司的全体员工就被总裁划分为两大类。

李： 哪两大类？

吴： 一类就是"可用的人"，另一类就是"不可用的人"啊！

李： 我在想，这个时候，副总裁会怎么做呢？

吴： 问得好！这个时候，副总裁为了保住自己的位置，也会依葫芦画瓢，把自己的队伍活生生地切割为两类，一类是自己的人，另一类则是总裁的人。

李： 太可怕了！总裁按照能力划分可是为了达成任务，而副总裁则是为了自己的私利而按照派系来划分！

吴： 所以，在现实中真的有单权威存在吗？总裁确实拥有了责骂、批评、点评和辞退的"权威"，但副总裁们同样拥有了让他的下属在总裁和自己中选一队来站的"权威"！

李： 原来如此！但我有一个重要的问题，如果营销副总裁确实犯错了呢？我该怎么办？

吴： 如果我告诉您，在双权威制公司里，总裁和副总裁永远都不会犯错，您相信吗？

李： 怎么会？总裁和营销副总裁也是人啊，不可能不犯错误啊！

吴： 那我就告诉您，哪怕营销副总裁犯了错误，总裁也要当着员工的面告诉大家他没有犯错。总裁保护副总裁的声誉，要如同保护自己的声誉一样。您知道什么原因吗？

李： 不懂。

吴： 双权威制最大的特点在于总裁从来不会责怪副总裁。营销出问题了，不是营销副总裁的问题，追究问题到大区总监这一层截止。营销副总裁的使命就是督促大区总监高效运转，而不是指挥大区总监如何做事，营销副总裁天生就处在一个绝对安全的位置，与赢得或丢失订单这种是非没什么联系。副总裁和总裁一样，本来就是一个不犯错误的岗位，何来犯错？

李：问题到大区总监截止？总裁和副总裁本来就是一个不犯错的岗位？看来还有许多道理我不理解啊。

吴：不急，我接着往下说。营销副总裁相当于总裁的一张面孔，总裁和副总裁本来就相当于一个人。总裁从来不应该当着别人的面点评自己的副总裁，既不点评好的，也不点评坏的。时间越长，他们的友谊愈加牢固。而且，总裁的权威会随着身边人权威的递增而递增，当副总裁的权威真正树立起来的时候，也就是总裁彰显领袖气质的时候。

李：这难道就是先生说的组织中的第三种关系？

吴：没错！这种关系的精妙在于，在权力上，总裁当然比副总裁大；但在权威上，在副总裁负责的部门层级上，他们两个人是完全等同的。这种关系，既不同于上下级，也不同于平级。

李：这种关系到底是什么样的关系呢？

吴：我的这个发现，因为至今无人揭露，我只好暂且用"最佳拍档"来概括。

李：这种关系有无理论依据？

吴：我也曾经问过自己这个问题。《道德经》云："道生一，一生二，二生三，三生万物。"为何是说"三生万物"，而不是"二生万物"呢？

李：这第三种关系，难道与老子的智慧有关？

吴：总裁和副总裁是拍档关系，大区总监与下属形成上下级关系，大区总监们之间形成平级关系，这不就构成"三"了吗？三才能生万物啊。

李：我们今天聊的东西并不好懂啊。

吴：不急，我们后面可以详细展开谈。现在只需记住一点，最佳拍档的关系，其实隐含了科学管理的秘密！

拷问管理的经典定义

吴：现在，我想问李总，当代的管理学书籍中是如何定义管理的呢？

李：这个我还真知道，因为我现在正在读 EMBA，管理的定义不就是"计划、组织、指挥和协调"吗？

吴：这恰恰是问题所在，管理的定义有很大的问题！

李：啊？

吴：管理的定义里，不是有"指挥"一条吗？这让总裁们想当然地认为自己是副总裁的上司，可以问责他们，有权"指挥"他们。而实际上，他们是伙伴关系，而非上下级关系。总裁和副总裁之间，哪里存在什么指挥关系呢？

李：照您这么说，连管理的经典定义都有问题！

吴：还记得我们前面谈到的吗？问题应该到大区总监截止，营销副总裁的职责就是督促大区总监努力工作，但是绝对不能"指挥"他们如何做事。

李：督促和指挥好像区别不大嘛。

吴：错！这中间的差别太大了。督促大区总监努力工作的本质，是基于大区总监自身的勤奋。而指挥呢？指挥让人联想到事情是以指挥者为中心的。难道说大区的订单是由营销副总裁操盘的吗？

李：我明白了，营销副总裁要彻底克制指挥大区总监怎么做事的欲望，因为区域的问题必须到大区总监为止。

吴：理解得不错。

李：不过，我还有个疑问，难道大区总监能搞定区域的所有事情吗？有些事情，他也需要副总裁甚至总裁出面帮忙吧？

吴：这个问题问得好。需要总部高管出面，关键是谁主动提出。一个优秀的操盘手，他应该知道什么时候打什么牌。如果他连让高管什么时候出面、出面干什么都不知道，还需要总部高管主动来"指挥"，您觉得这样的大区总监还能担当操盘手吗？

李：嗯，很有道理。

吴：关于总部和区域的关系，我们后面再详细展开谈。我们现在已经有了一个初步的共识，那就是——总部和区域的关系只是督促的关系，而不是指挥的关系。

李：那管理的经典定义中的"指挥"在哪里发挥作用呢？难道"指挥"根本就不存在吗？

吴：大区总监不是操盘手吗？既然是操盘手，他当然可以指挥他的下属啊。

李：看来，一个公司中，只有项目操盘手才承担所谓的"指挥"职能啊。

吴：问题又来了，操盘手真的是管理岗位吗？如果我告诉您，其实作为操盘手，大区总监本质上是专才，根本就与管理职能没有任何关系，您相信吗？

李：难道大区总监被称为管理中层都是错的？

吴：是的！

李：如果真如先生说的，大区总监不是管理岗位而是专才岗位，那管理的经典定义问题真是太大了。

吴：传统管理理论的整个大厦问题真是很严重啊，有可能要完全推倒重新构架。这样吧，等我们充分认识到总裁和副总裁的"太极圆满"关系后，我们再来重新梳理管理理论吧，因为我将要描绘的世界是一个崭新的世界。

总裁和副总裁都背整体 Quota，
怎么是上下级关系？

吴：一直以来，管理理论大厦的问题太严重了，我现在做的，就是要搭建一个全新的管理理论架构。为了便于后面的谈话，我们先界定一些概念。

李：哪些方面的概念呢？

吴：先聊聊任务分解方面的事，我们就拿您的公司来说，您在全国有几个分公司？

李：我的公司设有 10 个大区，每个大区设一个大区总监，每个总监管辖几个省份，譬如广东大区销售总监，就管理广东、湖南、海南、广西、福建五省，销售总监下面再设省级销售经理，分工大概就是这样。

吴：很清晰。那么，10 个大区总监承担的销售任务之和，不就是您公司本财年的总 Quota 吗？营销副总裁承担的指标应该是这个总 Quota 吧？

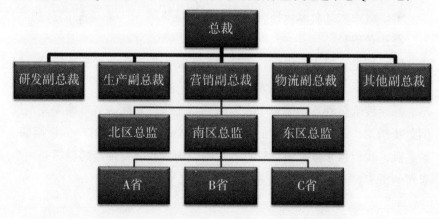

李：是的。

吴：您作为公司的总裁，是否承担的也是这个总 Quota 呢？

李：当然。

吴：既然您和营销副总裁都要为公司本财年的总 Quota 负责，那你们之间应该是什么关系呢？是上下级吗？

李：您这么一说，我也觉得好像不是上下级关系。

吴：营销副总裁的任务不是由 10 个大区总监的任务构成吗？

李：是呀，这很明显嘛！

吴：这是否意味着，当营销部门业绩出问题时，其实就是某个区域的业绩出了问题？

李：可以这么说。

吴：所以，我们是否可以明确一点，任何时候我们都可以认为，所谓营销部门出问题，并非营销部门整体出了问题，而是局部出了问题？

李：有道理。

吴：再往下推，所谓局部某个区域出了问题，是否就是某大区总监出了问题？

李：应该如此。

吴：这不就意味着，营销的问题就是某个人的问题，对不对？我们接着往下推，如果某个大区总监出问题了，是副总裁的责任还是总裁的责任？

李：这个，怎么说呢……

吴：我后面会谈到一个重要的观点，即组织中有两大领域都需要耗费 100% 的精力，一是事，二是人。因为副总裁的职责是围绕事情来督促大区总监，所以，关于人的问题，尤其是操盘手这个群体的问题，必须由总裁出面解决。

李：开始有点听不明白了。

吴：答案不是已经出来了吗？某个大区总监的问题，不外乎就是两类问题，一是其投入程度不够导致丢单，二是投入了但能力不足。

李：这倒是。

吴：因为营销副总裁的核心职责就是督促大区总监全力投入，这是过程的问题，这个问题只要平时排查就很容易甄别出来。如果大区总监投入了却能力不足，怎么办呢？这就是需要总裁出面的时候了。

李：这么说来，营销的问题本质上是人的问题。而人的投入程度和人的能力，其实牵涉到总裁和副总裁两个人的职责。

吴：现在明白了为何总裁和副总裁都要为公司的总 Quota 负责，也明白了他们为何是拍档而不是上下级了吧？

李：确实有茅塞顿开的感觉，只是……

吴：只是对于副总裁的核心职责还是有点不明白，对不对？不急，我后面会继续这个话题。

李：好啊！

吴：我这些年见过不少企业的怪现象。关于分配 Quota，我可以再举个例子。某公司的华东区大区总监，下面设有 3 个省级经理，3 个人每年各背 500 万的任务，大区总监呢？除了背 3 个省级经理 1500 万任务的总和外，总部竟然要求大区总监个人还要背 300 万的任务！

李：这样难道有错？如果大区总监不背点任务，不就成了纯粹的管理者了吗？

吴：原来李总也认同这样的做法呀！这种分配方法，问题太大了。

李：我倒想听听原因。

吴：我们前面不是说过，在项目型公司里面，大区总监才是操盘手吗？如果一个大区总监自己还单独背任务，不就是假设他和省级经理是一样的，都是独立操盘手吗？这种假设不是很滑稽吗？

李：原来这种假设根本就不成立。

吴：不仅不成立，还会造成一个大问题，总监与省级经理不再是团队，而成竞争对手了！

李：这个我倒没有想过，我只是怕大区总监一旦成了纯粹的管理角色，就会偷懒，不把精力放在业务上。

吴：您谈的完全是另外的问题啊。以后我们再挑个时间专门谈，什么才是真正的大区总监，什么才是管理角色。搞清了这些概念后，就会明白，大区总监能否把精力放在业务上，与大区总监自己并无多大关系，关键是在总部！

我的两次奇特经历

李：我现在首先想得到这个问题的答案——到底谁才是我的下属呢？

吴：为了不要太理论化，我还是先说说我的观察吧。管理是一门实践的学问，我之前用的方法是"形而上"，现在转为"形而下"，看看一些卓越组织是如何做的。一上一下，届时您就会明白谁才是总裁的真正下属。

李：那我们这就开始吧！

吴：我原先说过，我曾有幸有过两次奇妙的经历。

李：是关于您在海尔和美国 Polycom 这两家公司的经历吧？

吴：没错，我就先说说自己在海尔的经历吧。那年我在广州海尔工贸公司，这里我解释一下，所谓工贸公司，就是海尔的营销分公司，一年的销售额大致在 10 亿元左右。每周一，公司都要召开全体员工大会。

李：嗯，一般公司都会在周一召开晨会。

吴：关键是看怎么开。按道理，周一的例会应该是由公司的总经理主持才对，是吧？

李：那当然，除非总经理有事而指定其他人主持。

吴：如果这么简单就好啦！我补充一点，广州海尔工贸公司上面还有一个机构，叫华南事业部。在海尔，一个事业部管辖四五个工贸公司。事业部就三四个人的编制，头儿就是华南事业部长。

李：难道您想说的是，当时，是由华南事业部长主持周一晨会吗？

吴：猜对了！我惊奇地发现，只要事业部长在广州，则周一的晨会必定是他来主持，工贸公司总经理坐在旁边几乎不发言。

李：这不就是越权吗？

吴：是呀！当时我很纳闷，心想，海尔不是以管理见长吗？怎么犯这种常识性的错误呢？这不是把工贸总经理架空了吗？

李：我也这么认为。

吴：要知道，我就是因为自己是海尔管理的"粉丝"，才放弃了其他好机会加盟海尔的呀。怎么会有这种情况发生呢？

李：就是，这和海尔公司长于管理的印象大相径庭啊！

吴：这件事情对我的打击非常大，带给了我极大的困惑。我一直认为这种行为是典型的越权行为，是违反管理常识的。直到多年后我有幸进入美国 Polycom 公司……

李：在 Polycom 又发生了什么事呢？

吴：同样的事情又发生了！说实话，海尔是我当时非常崇拜的公司，虽然发生了事业部长越权的事情，但时间一长，我就很少去想这事了，因为海尔有太多的东西让我惊奇。但是，去了 Polycom 公司以后，类似的事情再次让我觉得不可思议！要知道，那个时候我大学毕业都快10年了，我崇拜的公司仅仅剩下这两家而已。但两家都发生了无法理解的越权事件，这到底是怎么回事？

李：难道以管理见长的企业，也都无法杜绝越权的情况吗？

吴：您先听我说，在 Polycom 公司，每周一也有晨会，是以视频会议的形式召开。可笑的是，周一全国销售队伍的晨会，竟然不是营销副总裁主持，而是由总经理主持。整个过程都是总经理说了算，营销副总裁坐在旁边几乎不发言。

李：这不就是海尔越权的翻版嘛，看来您注定与越权的高管有缘啊！

吴：幸好，经过多年生活和工作的锤炼，我拥有了很多管理实践的积淀。我在 Polycom 公司经历了整整一个会计年度，有一天，我终于恍然大悟：原来，命运之神不是在讥笑我，它第一次给我机会，让我窥探企业管理的秘密时，我太愚钝了以至于看不懂，于是它又给了我第二次机会。

　　李：这中间隐含着什么天机?

　　吴：这个秘密，就是关于"最佳拍档"这种独特的关系。不过在进入正题之前，我们要回顾一些别的话题。

德鲁克晚年的小说《行善的诱惑》

吴：德鲁克是一个标志，管理理论的发展，到德鲁克为止，算是一个分水岭。德鲁克之后，已经很少有真正的理论突破了。

李：确实是这样。现在的管理理论已经沦为时尚潮流了，各种理论不断冒出，过了一段时间才发现其实是"挂羊头卖狗肉"，并无大用。

吴：确实，现在好像已经没有什么人有兴趣谈论管理，谈得更多的是战略、商业模式和技术，譬如电子商务、iPad、云计算什么的。关于管理，好像人类已经找到了终极答案一样。

李：但其实公司的管理问题是越来越复杂，而不是越来越简单。

吴：嗯。我觉得德鲁克真正的贡献是在于他指出了公司这种组织的纯粹性，以前管理是政治的附属物，而公司造就了一个管理的时代。德鲁克让管理真正成为了一门显学。

李：这个我赞同。德鲁克是真正站在历史的大背景下谈论管理的，这是我在阅读他的著作时最大的感受。

吴：不过，当我们谈到管理的本质时，又有多少认识呢？几乎所有的人都认为，管理的本质是艺术而非科学。这就是今天的人们对管理的认识高度。

李：是啊，如果管理是一门艺术，那就太难把握了。

吴：说到艺术，其实德鲁克晚年曾"跨界"写了两部小说，李总看过吗？

李：还真没有。

吴：德老的两部小说是《行善的诱惑》和《最后的完美世界》。这里概略地讲讲《行善的诱惑》的主要内容吧，因为从这个故事中，我们能窥探到德鲁克晚年所关注的问题，以及他对重要管理问题的态度和观点。

李：愿闻其详。

吴：简单说来，德老在《行善的诱惑》中，用小说的形式，描述了海恩作为校长和神父在学校中的一个重要抉择，这个抉择是关于授权和越权的抉择。海恩的纠结在于，他作为校长，不应该随便指挥间接下属，因为那样做就是越权，但他作为基督徒，又虔诚地认为应该把爱人放在第一位。

李：这位校长兼神父是如何抉择的呢？

吴：他最终选择了把信仰作为选择的第一标准。每当看到间接下属犯错误的时候，出于神父的职责，海恩总是第一时间直接出面指导和帮助。

李：结果呢？

吴：校长的直接下属们联名投票，把海恩教授从校长的岗位赶下来了！

李：我明白了，德鲁克其实是想说，作为组织的"一哥"，千万不要随意越权，因为越权是管理的大忌，是这样吗？

吴：总结得很到位。

李：原来，德鲁克也对越权深恶痛绝啊。可见，您原先供职的海尔和 Polycom，管理也不怎么样嘛！

吴：就是因为这本小说，让我明白了德鲁克的思想高度在何处。也正是因为我在 Polycom 发现了完全不同的世界，我才明白，德鲁克心中的管理世界其实是混乱的。

李：德鲁克的管理世界是混乱的？

吴：何止混乱，简直就是乱得一塌糊涂！

李：难道德鲁克的许多东西也是错误的吗？

吴：难道大师就不会出错吗？从小说中，我们就能轻易判断出德鲁克心中的管理世界是由什么层级构成的了。譬如直接下属和间接下属的概念，越过直接下属就是越权，这些概念虽然在小说中德鲁克没有直接点出，但是小说的意境已经十分明显。海恩校长不就相当于公司里的CEO吗？CEO的直接下属是谁呢？是副总裁吗？

李：我明白了，这样看来，德鲁克可能也同样认为，副总裁就是总裁的直接下属，而大区总监就是总裁的间接下属，而这些其实都是错误的！

吴：当然，大错特错！而且，我们还可以推测出，德鲁克对于业务问题应该到什么岗位截止是没有认识的。这就意味着，德鲁克对于"大区总监的问题就是总裁和副总裁的共同问题"也是没有认识的。

李：德鲁克的管理理论确实没有对这些问题作出明确的论断。

吴：不过，德老称自己为"社会生态学家"，他在社会学领域颇多建树，他的很多视角都是基于社会学的，而且正是因为他，管理学才获得了今天的地位。

李：我们无法对任何一位学者苛求太多，哪怕是像德鲁克这样的大师。

吴：但是，我还是可以把一些责任归咎于德老。正是因为他的影响力，才让我们认为，那些传统的管理学理论是绝对不会出错的。

李：我本来以为去EMBA课堂就能找到答案，原来反而是强化了错误的认识而已，看来，"尽信书不如无书"啊！

吴：其实按照前面说的，我们可以推导出，传统管理认识中所谓的"越权"，本身就是一个非常不科学的命题。

李：是啊，如果连总裁的下属都没有搞清楚，又怎么能界定总裁越权与否呢？看来，您发现的新世界与传统的管理世界完全是两种景象啊！

吴：有太多的景色需要我们去游览了，下次再聊吧！

篇 三

中层不是管理岗位

　　在管理和业务之间，是有一条明确的界限的，很多公司和管理者都认识不到这一点。

　　中层既要懂管理又要懂业务，这一命题是错误的！中层本质上是一个专才岗位，岗位的核心要求是业务能力。

　　高管的第一条戒律就是不指挥！

　　副总裁的全部工作职责只有一条，那就是Review——排查下属的工作。保证下属在认真做事，保证下属把全部心思花在工作上，这就是副总裁岗位的核心价值。

诸侯和组织中的"连"

吴：李总，今天我们来谈谈项目型公司里的大区总监吧。

李：是关于诸侯方面的话题啊，好啊，我也觉得这是公司管理中的难题。

吴：诸侯？这个词还真是形象啊。

李：前面我们一直在探讨总裁的拍档，现在来讨论一下这个最难琢磨的岗位。

吴：我先界定一下您说的"诸侯"的概念，就是一个大区负责销售的头儿，譬如全国 10 个大区，一个大区负责几个省，这样，公司相当于有 10 个"诸侯"。

李：就是这个意思。

吴：其实这类职位，公司里一般叫营销总监或销售总监，如果是大的区域还可能叫分公司总经理，不过这些都不够抽象。这里可以引入 SBU 的概念，SBU 就是"战略业务单元"的意思。"单元"这词很形象，容易联想到局部的概念。

李：这样描述确实更清晰。

吴：这样，刚才说的"诸侯"其实就是 SBU 的头。我们后面谈到销售总监、营销总监、分公司总经理，都统一用"SBU 头"这个概念如何？

李：好的。

吴：问题是，一个公司设 SBU 头，到底是为了什么目的？谈到 SBU 头，我有一个非常重要的研究结论。那就是，一个区域的订单取得，或者说区域重要的项目操盘，应该到 SBU 头截止。

李：到 SBU 头截止？不好理解，请先生解释。

吴：在项目型公司里，SBU 头就是该区域关键项目的总操盘人。所谓操盘人，就是对项目的整个策略和阶段任务有非常清晰的认识，并且非常善于给一线销售人员分配任务和子目标。也就是说，项目的整体节奏必须由 SBU 头来把握。

李：SBU 头对项目的推进确实起着至关重要的作用。

吴：项目操盘手是一件事情推进的终极力量。一个好的操盘手，最重要的特点就是他的主动性，他不但要定策略，更要推动做单的一线团队高效运转。但是，太多的人对 SBU 头的"主动"理解得太肤浅了。

李：什么意思？

吴：这个"主动"意味着，只有 SBU 头才会像母鸡孵小鸡一样关注项目的每个细节，也只有他才能决定团队中的每个成员何时出现，每个成员就像一张张牌，怎么打，必须由 SBU 头来把控。虽然他人有提意见的权力，但是绝对不能替代 SBU 头来思考！

李：很有道理。

吴：一切信息都要到操盘手归总，绝对不能允许团队成员为项目做了某件事，而操盘手竟然蒙在鼓里。

李：我来补充一点，这个团队成员包括 SBU 头的上司，项目进行过程中，客户的某个高管直接打电话给（副）总裁，（副）总裁也应该事先和 SBU 头商量或知会，是这样的吗？

吴：没错，补充得很恰当！

李：就我的经验，太多的公司总部，对区域的定位和 SBU 头的使命认识其实非常模糊。

吴：在我供职的双权威制公司里，SBU 头们常常是一群非常受关注的人群。因为业务到 SBU 头截止，赋予了其重大的责任和绝对的操盘权。SBU 头就是一件事情的"指挥中心"，其下属必须毫无条件听其指挥。

李：听先生这么说，我觉得，SBU 头就像军队的连长。

吴：这个比喻很恰当。您知道军队的作战单位是什么吗？是班，还是连？

　　李： 是班吧？

　　吴： 错！军队的作战单位不是班，而是您提到的连。所以，SBU 头在"战斗"中是拥有直接指挥权的一群人！

在管理和业务之间必须设立一道界线

吴：业务应该到 SBU 头截止，那么，总部的营销副总裁应不应该出面打单呢？

李：恐怕有些场合还是免不了需要营销副总裁出面。

吴：SBU 头是项目操盘手，是项目的商务谈判核心。营销副总裁在做单过程中，最多是撑一下场面，关键时刻表一下态度而已。

李：那就是说，作为营销副总裁，千万不要轻易被 SBU 头指挥着见客户，除非 SBU 头已经把水烧到了 99%。

吴：李总说得非常好。但现实是什么情况呢？我们许多高管竟然不检查项目的细节，以为 SBU 头能让客户的"一哥"见自己，就想当然地认为 SBU 头已经搞定了客户。

李：等等，如果高管与客户的"一哥"、"二哥"见面，项目应该已经八九不离十了啊！

吴：这要看什么企业，譬如微软、IBM、HP 这些 500 强企业，SBU 头顶着公司品牌，通过某些合作伙伴见一下行业大客户的"一哥"、"二哥"，其实并不难啊。

李：可惜我没有在这些明星企业的经验，无法体会。

吴：许多 500 强的 SBU 头，就是利用这一点，给没有操盘经验的高管编故事。项目还没有个子丑寅卯，就让总部高管出面见客户"一哥"、"二哥"，因为这些老江湖心里明白，尽早让高管见客户"一哥"，有太多好处啦！

李：什么好处呢？

吴：一是邀功，这个容易理解。其实，还有一个见不得人的目的。

李：哦？

吴：那就是，项目一旦不成，自己也就容易脱离干系。原因很简单啊，公司的高管都介入了，项目不成，难道怪我吗？

李："真是"用心险恶"啊！业务不是到 SBU 头截止吗？

吴：有本书叫做《别让猴子跳回背上》，讲的就是这些陷阱。

李：我有空真要找来看看。

吴：在 500 强中有句名言，"要想项目成功，就要把项目变成内部的人民币"，就是指要把项目变成所有高管参与的项目。这样，不管项目成不成，SBU 头都已经成功了，绝不会失败。因为即使项目失败，也不再是自己的责任，是高管们的责任。

李：真是"聪明"啊！

吴：像这样的 SBU 头，一个地方混几年，就在 500 强公司里打转。

李：看来，营销副总裁应该忙项目和订单以外的事情。

吴：说得对。这就是我的一个重要观点，在公司的营销体系中，应该有一条非常清晰的界线。这个界线，就是总部和地区的界线、管理和业务的界线。

李：我明白了，SBU 头负责项目操盘，而营销副总裁扮演的就是管理角色。既然业务到 SBU 头截止，那么，SBU 头的唯一使命就是取得订单。

吴：对，SBU 头的唯一能力就是打单的能力，就是操盘的能力。问题是，如果 SBU 头的唯一能力就是打单的能力，那这个岗位是一个管理岗位吗？

李：这个真没有想过。

吴：李总还可以想想，如果这个 SBU 头是一个研发部的经理，他的唯一能力应该就是研发，这样说来，研发部门的经理能说是一个管理岗位吗？

SBU 头既要懂业务又要懂管理吗？

吴：这些年来，我常常发现，许多总裁都在感叹，SBU 头实在太难招了！一谈到异地管理，这些总裁就非常头痛。

李：是啊，总部的人还好，至少我经常在公司，而异地的队伍管理就非常难了。我认为一个区域能不能做好，SBU 头是关键因素。

吴：是吗？那您觉得 SBU 头最关键的能力是什么呢？

李：我觉得最核心的应该有两条，一是业务能力，一是管理能力。

吴：这两条标准真是高啊。如果以这样的标准，SBU 头一定很难找吧。

李：是啊，业务能力强的人常常管理能力很差，而管理能力强的人业务能力又不行。

吴：您遇见过既懂管理又懂业务的 SBU 头吗？

李：这种人确实太难找了，但是，我也曾经碰到过。不过……

吴：稍等，让我猜猜您碰到的那位既懂管理又懂业务的人的结局吧。我想他很快就因为"土皇帝"心态离开了吧？

李：是啊，我开始非常得意能找到这样的人，但是不到半年，他就开始不太服从总部的管理了。

吴：具体是什么情况呢？

李：我觉得是他越来越不服从管理，而他却一味地抱怨总部不信任他，不给他空间。双方的分歧越来越大，最终……

吴：意料之中。

李：不过我还是想不通，既懂管理又懂业务的人，为何就不能久留呢？要知道，我创业 20 年，那可是我唯一碰到的符合我对 SBU 头要求的人啊！

吴：这种人，本身就是总裁的料，他本来就不适合担当SBU头的角色啊。

李：总裁的料？

吴：销售人员的专业性，体现在他是否喜欢经常与别人"泡"在一起。销售工作的特点就是培植客情关系，而"泡"，就是培植客情关系的最佳途径。但管理呢？管理可不是"泡"出来的，管理靠的是一种抽象的思维方式。

李：这之间有什么差别？

吴：简单说来，销售业务凭借人的本能就能完成，只要他愿意与他人"泡"。这类人的最大特点就是，下班之后不与人外出玩玩，浑身就不舒服。

李：这样说还真有道理。

吴：注意，我这里说的本能，并非是说销售工作就是吃吃喝喝，而是说与人"厮混"的重要性。销售的工作其实非常专业。譬如，光是一条"听懂客户的弦外之音"就可以难倒一大批人。另外，言谈举止、分阶段打牌、主导进程，都需要极高的专业水平。当然，那些喜欢与人"厮混"的销售，时间久了，常常能自然而然地掌握这些技巧。

李：嗯。

吴：而管理呢？管理能力可不是靠人的本能就可以获取的，管理本质上是一种理性思维方式。譬如，要认识到业务到SBU头截止，就必须具备高度的抽象思维能力。

李：照这么说，对于SBU头，根本就不应该有管理能力的要求？

吴：这个所谓的管理能力是指什么呢？

李：就是建设队伍和领导队伍的能力啊，难道这个不重要吗？

吴：陷阱就在这里！我见过太多的企业，其实对SBU头角色的认识不足。SBU头的能力要求其实只有一项，那就是他的项目操盘能力，简单地说就是业务能力，其他一切，都是浮云而已！

李：怎见得？

吴：我先分析一下您说的"领导队伍"这个能力。什么叫领导队伍？既然 SBU 头是项目的操盘手，SBU 头下面的队伍就是项目的配合角色。所以，所谓的"领导队伍"，其实就是项目操盘的意思，同名重复而已。

李：您这么说的话，确实……

吴：关于第一条，建设队伍，又是什么意思呢？

李：譬如招聘、企业文化建设啊，等等。

吴：企业文化建设？太虚了吧，项目操盘的过程就是企业文化建设的过程，看来还是同名重复。现在，所谓的"建设队伍"，只剩下"招聘"一条了吧？

李：照您这么一说，还真的如此。我这才明白，为什么我们总是招聘不到合适的 SBU 头。

吴：因为标准根本就是错的啊！

李：根源就在这里啊。

吴：如果我们去公司里走一走，一个普遍的问题是，这些公司最缺的不是管理，而是专才！研发的不懂研发，销售的不懂销售，平面设计的不懂平面设计。为何？就是管理和业务之间没有一个清晰的界线啊。

如果 SBU 头的队伍建设就是
"招聘"这一条，问题是……

李：我们上次聊到，SBU 头进行队伍建设时，其实就是"招聘"这一条。

吴：这样说可能显得绝对了点。我只是想说，不要低估一个高级操盘手的智慧，也不要低估项目操盘过程的丰富内涵，譬如项目里程碑的庆祝会，项目操盘过程中的成功喜悦，这些就是团队建设，这些就是文化建设啊。

李：那么，招聘应该是谁负责呢？我们之前聊过营销副总裁的"组阁权"问题，谈到 SBU 头，我又无法确定了。SBU 头是一个大区的负责人，那么 SBU 头应该有自己的"组阁权"啊。

吴：真的吗？

李：难道您想说，SBU 头没有自己的"组阁权"吗？

吴：我想问的是，在项目的操盘过程中，SBU 头应该花费多少时间为宜呢？

李：这个不太好说，每个项目都是不一样的啊。

吴：那就以我们的经验来判断，李总是否赞同，项目推进的工作完全是一件精益求精的事情，心思花得越多，感动客户的可能性就越大？

李：赞同，不是说细节处见真情嘛。

吴：这是否意味着，项目操盘工作必须投入足够的精力，越多越好？因为投入的精力越充足，则同时操盘的项目就可能越多。

李：同意。

吴：我们再看看招聘的特点。李总认为人好招吗？

李：快别说了，在我看来，人才招聘算是现在最头痛的事情了。新劳动法的颁布，"90后"的崛起，简直是让企业的招聘雪上加霜啊。

吴：李总认为人才重要吗？

李：这还用问？人才当然重要，非常非常的重要啊！

吴：问题就在这里。许多公司总裁一方面感叹人才的重要性，另一方面，问问他们花了多少时间在招聘上，回答往往是"很少"。

李：这个我赞同。但是，公司不是有专门的人力资源部吗？

吴：关于这个话题，我们以后还可以展开来聊。我现在想要强调的是，人才招聘的工作也是一件需要精益求精的事情。

李：这么说来，公司里面其实有两件需要精益求精的事情，一个是业务，一个就是人才招聘。

吴：如果业务最好花100%的时间，而招聘也最好花100%的时间，那么，这两份工作就不能同时集中在一个人身上。同意这个观点吗？

李：有点道理。但我还是想说，公司的人力资源部不是专门招聘人的吗？

吴：在现实中，区域招聘时，人力资源部是一种什么角色呢？人力资源部对用人部门的经典名言就是："请放心，需要我们怎么配合，我们一定全力以赴！"

李：既然是"配合"，招聘这个工作还是停留在SBU头手上。这样，所谓"人力资源部门专门负责招聘"的说法，其实是不成立的，人力资源部只是一个配合角色而已。

吴：更可笑的是，市场上还有一门热门课程，好像叫做"非人力资源经理的人力资源管理"。这个课程的可笑之处在于，它假设部门经理既然是需要用人的部门，所以，用人部门经理主导招聘就是天经地义的。

李：那么到底谁应该负责SBU部门的招聘呢？

吴：这的确是一个大问题。因为业务是一件需要精益求精的事情，而招聘也是，所以，SBU头应该专心于项目操盘，专心用人。我们应该让SBU头专注于业绩，但绝不能把招聘的事也扔给SBU头。

李：这就是"在总部和区域之间一定要划一条界限"的具体内

涵吧？

　　吴：只是其中一部分而已，我们已经谈了许多 SBU 头的事情，但是，总裁和副总裁对于 SBU 而言到底是什么角色，这才是真正的核心。

批判管理的经典定义
——SBU 头的岗位性质再认识

吴： 李总，一个好的销售人员，常常呈现出好强、好斗的特点，为何？

李： 我想，应该是销售人员的性格往往好胜好强吧。

吴： 好胜只是现象而非原因。在我看来，业务相较于管理，其最大的特点就是，业务总是呈现失败或者成功两个极端。譬如一个订单，它必然出现两个结果，要么成功，要么失败。

李： 赞同，我们不是经常说，在营销领域不可能有常胜将军嘛。

吴： 因为 SBU 头处在项目的中心，项目成功是他的功劳，而项目失败则是他的责任。

李： 这样，他的生活，就是处在成功和失败的交替当中。

吴： 这是一种怎样的生活方式啊！

李： 一个好的 SBU 头，因为他总是忙于制定和执行策略，所以总是沉浸在对与错的世界。他必须阻击错的，坚持对的，这样，他必然呈现好斗的特点。

吴： 这就是一个 SBU 头必须接受的生活。成功了他喜悦，失败了他承受。这中间，还有许多误解、谣言、失误，这些他都要全部承受。

李： 所以，一个 SBU 头在位的时间越长，好斗的特点就会越明显。

吴： 这个要看组织具体的"执政环境"。

李： 执政环境？

吴： 您和我都做过大区总监，应该明白，真正让我们累的，根本就不是竞争对手如何如何，而是来自内耗。

李： 深有同感。

吴： 依我看，最大的内耗，应该是来自总部的不信任。这种不信任的最大表现就是随意插手区域的事情。

李：是啊！总部一旦插手，项目的信息马上就不再归于一处，这样，项目就容易变得谁也不负责。

吴：许多项目失败，并非能力不及，其根本原因竟然是没有人负责。每个人都认为这个项目不是自己负责的。

李：相当于整个组织处在"无为"的状态。

吴：我把这种情况叫做组织的"弃婴"。这种"弃婴"现象，就是因为瞎指挥造成的。SBU头的最大痛苦，莫过于有力而无处使啊！

李：这个"无为"的根本原因，竟然是总部的"有为"！

吴：正因为SBU头承担了项目的荣辱，可想而知，对SBU头的最大伤害，莫过于破坏其指挥权了。

李：嗯。

吴：所以，衡量一个组织能否留住好的SBU头，关键看总部是否破坏其指挥权。

李：原来如此。

吴：所以，SBU头这个岗位，本质上是一个专才的岗位，公司根本就不应该有"中层管理岗位"这个说法。所谓中层，不是管理岗位，而是专才岗位。

李：现在我能理解您所说的了。

吴：还记得我们前面聊的管理的经典定义吧？

李：不就是"计划、组织、指挥和协调"吗？

吴：李总觉得这个定义其实最适合谁呢？

李：依我看，最适合的就是SBU头啊。因为SBU头是项目的操盘手，所以，他的工作性质就是"计划、组织、指挥和协调"啊。

吴：很对。但是，总部对于操盘手，应该是什么态度呢？是指挥吗？

李：原来，管理的经典定义，竟然对总部的管理者根本就不适用啊！我们学的管理理论，只适合SBU头这类岗位，而SBU头其实是专才，并非管理岗位。

吴：对。这就是经典管理理论的谬误之处。

SBU 头不是中层管理岗位

吴： 管理学中有一些概念，如"中层管理"、"基层管理"，其实是非常害人的。要知道，任何组织，首要的问题必须明确组织业务和管理之间的界线在哪里。譬如在项目型公司的营销体系中，SBU 头就是项目操盘的截止点。营销副总裁才是真正的管理者，营销副总裁下面的 SBU 头，都应该是业务专才。

李： 能否这样理解，在一个区域，如果某个省级销售经理能完全独当一面，则这个省级经理就已经是一个 SBU 头了？

吴： 当然，SBU 头并非一定要配有下属。只要他能完全负责一个项目或一件事情。

李： 可见，管理和业务的界线，并非一定都是在总部和区域之间。

吴： 没错。

李： 如果我是一个大区总监，下面有 5 个省级经理，其中一个省级经理完全可以独当一面，这种情况下，我还算是 SBU 头吗？

吴： 问得好。如果是这样，您对于另外 4 个省级经理，还是一个 SBU 头，但对于这个省级经理，您就是高管的角色了。

李： 哦？那我该如何扮演好高管的角色呢？

吴： 这个话题，我们后面将专门展开。其实，您下面的省级经理，并不是每个项目都交给您操盘，随着他们能力的成长，一些项目可能他们自己就能操盘，在这些不是您操盘的项目上，您行使的也是高管的职责啊。

李： 我现在明白了，业务和管理的界线简直是太重要啦！

吴： 要注意，这中间有一个非常重要的条件，那就是，您必须要具备一种能力，一种判断下属能力的能力。

李：对，我怎么知道省级经理在一个项目里是否能独当一面呢？

吴：这是个好问题，不急，我后面会专门谈到。不仅如此，我还会谈到一些消费品类公司中 SBU 头的情况。譬如在海尔，一个促销员就可能是一个 SBU 头。而且，一个省级经理的能力并非一成不变，随着他能力的提升，他上司的角色转变就是一个大课题。

李：这样说来，那种把高管和中层截然区隔的传统做法，其实大有问题。而按照先生说的，高管不是针对某个人而言，而是专门针对工作性质讲的。

吴：很对。就如前面说的，大区总监对那个可以独当一面的省级经理，扮演的就是高管角色。

李：这是否意味着，在一个组织里面，按照人数的比例，只有极少数的管理者，其他人都应该是各种专才？

吴：这个不好说，但至少我们可以说，业务层级才是公司的指挥中心，而只有管理，才能保证 SBU 头的独立指挥权。这就是管理的意义。

李：不过，我最感兴趣的还是，对于 SBU 头，他的上司到底应该做什么呢？

吴：准确地说，应该是他的"上司们"。

李：我明白了！只有"最佳拍档"才能真正驾驭好这些独当一面的操盘手们。

吴：我现在能说的是，在双权威制公司里面，几乎听到不到"提高管理"此类的话题。这类组织里，谈的话题都是围绕一个一个的任务或者项目。而与此同时，许多有问题的组织里面，常常把"提高管理"挂在嘴边，结果组织里面尽是不够专业的人，没有人关注具体的项目和业务，真是本末倒置啊！

营销副总裁的"Review"

吴：今天，我们就来聊聊，营销副总裁应该发挥什么样的作用。

李：好啊，我已经迫不及待了！

吴：一个营销副总裁，如果总是介入项目，就把自己陷入了是非的世界里。营销副总裁的职责，就是判断 SBU 头说的故事是真是假。营销副总裁首先应该精通业务，但是他从来不会指挥 SBU 头如何做。业务到 SBU 头截止，所以必须假设，SBU 头是完全符合业务能力要求的。所以，SBU 头只要勤奋，必然能取得订单。

李：就是说，营销副总裁的使命就是督促 SBU 头勤奋工作？

吴：是，但又不是！

李：怎么讲？

吴：这里的"是"，确实是您说的督促 SBU 头勤奋工作；这里的"不是"，意思是虽然实际上就是督促 SBU 头勤奋工作，但不能只是挂在嘴上。管理不是说出来的，而是做出来的。

李：有点抽象。

吴：我举个例子，在外企里，有一个很好的词，可以非常形象地表达营销副总裁的全部工作职责，这个词就是"review"。它的意思，用海尔的话讲，就是排查。

李：副总裁的职责就是排查 SBU 头的工作进展，必须抓得足够细，同时又不能指导他们如何做？

吴：说得非常准确！这样做，既尊重 SBU 头作为一方大员的权利完整性，又能防止 SBU 头混日子。

李：很好的方法！

吴：因为 SBU 头们都是真正的销售老手，就像一只只老虎，这些老虎，必须让一个专职的高管来引导其方向和速度。

李：我明白了，营销副总裁懂业务，不是用来指导 SBU 头的，而是用来排查、监督的。同时，营销副总裁不会指导 SBU 头如何做，这样会让 SBU 头感觉自己被充分地尊重，拥有完全的指挥权。

吴：其实，排查和监督的方法很多，不仅仅是开会，也不仅仅是发邮件，现场办公也是一种好的方法。总部高管和地方大将隔一段时间就一起作战，这对当地的士气也是一种非常大的促进啊！

李：您前面提到管理不能挂在嘴上，就是这个意思吧？

吴：营销副总裁如果整天把"加班、勤奋"挂在嘴边，SBU 头就会非常反感，因为不断宣讲"天道酬勤"这种常识，只会增加"剥削"的味道。管理就是实践，实践是不用讲大道理的。只要高频率、高强度地排查并保持 SBU 头的决策权完整性，这就已经实践了"天道酬勤"的道理啊！

李：所以，营销副总裁的工作性质就是勤奋，他用勤奋来带动 SBU 头。

吴：营销副总裁的勤奋，目的是带动 SBU 头的勤奋。这个勤奋，不是为了勤奋而勤奋，而是要促进 SBU 头开动脑筋，保持 SBU 头决策的独立性。营销副总裁的勤奋，不是告诉 SBU 头应该如何开展工作，而仅仅是为了保证 SBU 头是真正在做事，保证 SBU 头把全部的心思花在工作上。这就是营销副总裁工作的核心价值。

李：所以，营销副总裁不用标榜勤奋，只要努力 review 即可。这并不会让 SBU 头反感，因为营销副总裁不会告诉 SBU 头如何做，只要结果而已。

吴：看来李总已经明白了。

李：太精彩了！我总算明白如何与 SBU 头对话了！懂业务，却不随意指挥、教训员工，这才是最了不起的地方啊。

吴：这可能就是老子说的"无为而治"吧！

到底什么才是高管？

吴：李总，现在我有一个问题要问您，何为高管？何为中层？他们之间的根本区别在哪里？

李：按我们之前说的，中层是业务的截止点，而高管应该是 review 他们，不能指挥他们如何做。高管是管理者，中层并非管理者，是专才。

吴：不过，现实常常又是另外一回事。我见过太多的总裁，和公司的任何员工沟通，基本上一开口就是老师的口吻，就是教训的口吻。

李：没办法，因为内部的成员都达不到要求啊。

吴：其实，这也并非全是总裁的错。公司创业初期，总裁根本没有资本去招揽许多专业人才，许多事情只能自己操盘。这样，周边的人员，基本就是助理级的人，项目的进度、节奏等很多事情，只能靠自己来把控。也就是说，创业的前几年，总裁不是扮演高管的角色，而是操盘手，也就是中层的角色。

李：这个说法我赞成，因为我就是这么走过来的。

吴：总裁创业，常常是基于自己对某个商业模式的信心。这个时候，他也会相信，只有自己把控细节，才能让商业模式成型。于是，创业初期，总裁常常扮演许多角色。当公司的规模越来越大时，公司需要的资源越来越多，这个时候，对总裁最大的挑战就是从中层向高管的飞跃。恰恰在这个时候，很多总裁却对何为高管角色没有清晰的认识。

李：这刚好是我一直以来最需要提升的地方啊！

吴：如果要几句话把高管的角色讲清楚，几乎不太可能，但是，我们至少应该知道，高管最不应该染指的领域。

李：什么是最不应该染指的呢？

吴：当然就是不应该"好为人师"。我见过各式各样好为人师的总裁。有些总裁在饭桌上，总是在教训员工平时应该如何如何处理事情；还有一些总裁，只要员工谈到某个观点，他马上会举另外一个例子来反驳或者赞同其观点，没有别的目的，就是为了显得自己比员工聪明；还有许多总裁，开会的时候，不是在 review，更像是在举办培训班。

李：我明白了，高管的第一条戒律就是不指挥！

吴：没错，高管就是不指挥！高管要做的就是 review，就是尊重 SBU 头的空间。这个空间是 SBU 头们的权力，也是他们的责任。

李：但是，实践中如何入手呢？

吴：当然是从人才入手啊。确切地说，应该是从 SBU 头的甄别入手。一个好的 SBU 头，就是一个业务操盘手。我这里说的业务，可能是销售，也可能是财务、研发、产品策划、制造、ERP 等。各个领域的 SBU 头，要逐步部署，不可能一下子到位。

李：这就像下很大的一盘棋，要逐步推进才行。

吴：当总裁理解了高管的角色，他最大的变化就是，过去总是"好为人师"试图解决员工的问题，而现在则是用专才来解决问题。公司的规模不是靠"讲课"讲出来的，而是靠人做出来的。优秀的公司，必然是各个零件都非常健壮。前后两种方法，本质上是视野的大转变！

李：我现在对高管的角色有了一个全新的认识！

企业的销售职能远没有我们想象的重要

吴：李总，今天我们聊聊销售的话题如何？

李：太好啦，因为销售对于一个公司太重要了！

吴：哦？销售对于一个公司有多重要呢？

李：以我的观点，销售说有多重要就有多重要。因为没有订单，公司就只能关门。

吴：也难怪李总这么想，因为您是销售出身。我过去一直从事策划和行政工作，接着进入家电行业、计算机软硬件行业的销售领域，直到后来有机会涉足制造业和工业地产的领域，我才明白总裁应该如何看待销售的重要性。

李：该如何看待呢？

吴：我们先比较一下销售和研发的重要性，您认为哪个重要呢？

李：这个不好回答啊！

吴：这样说吧，人才市场上，一个好的销售，譬如能独立操盘2000万项目的人，年薪应该多少？

李：关键是，这种SBU头根本就很难招到啊！

吴：我过去也一直认为这种人不好招，后来我进入一家外企，竟然发现这里操盘1000万以上项目的SBU头一大堆，连总代的SBU头，都能轻易操盘500万以上的项目。那个时候，我才开始相信，公司的销售工作并不是最重要的，因为市场上2000万项目的操盘手，年薪也就是30万左右而已啊！我再问一个问题，一个好的研发人才，年薪应该多少钱？

李：这个根本没有底啊，因为好的研发人才，可能给他50%的股份都不一定愿意干。

吴：这不就说明了一个很重要的道理吗？公司创业的时候，常常是取得订单最重要。但是，不管什么行业，好的销售人员年薪其实都差不多，但是能为公司创造差异的并不是销售，而是其他。所以，总裁在创业的过程中，最应该及早脱身的就是销售职能。

李：太精辟了！可惜我从没这么想过，我自己就一直抓住销售不放，因为我认为销售实在是太重要了。

吴：何止是您，我还见过公司营业额已经是 15 亿以上的公司，总裁还自己抓住销售不放。

李：可见，从公司岗位的薪酬就能明白一个总裁应该从哪些领域抽身出来。这还真是一个很容易理解的逻辑。

吴：这就是我要讲的，管理是一门实践的学问，一定要结合时间维度来权变。

消费品公司业务应该到哪里截止？

李：我们前面谈到业务到 SBU 头截止，那是以项目型公司为例。我知道您在消费品公司有丰富的经验，那么请问消费品公司的业务应该到谁为止呢？

吴：好，我就谈谈我在海尔的经历。在海尔的销售一线，总的来说有两大人群，一个是一线业务员，一个是驻场促销员。您认为这两种人谈生意，需要他的经理来操盘吗？

李：促销员在现场卖东西，不太可能需要经理帮助，业务应该到促销员为止。至于一线业务员……

吴：消费品类公司最大的特点就是，一旦渠道开拓成功，余下的就是渠道维护。而渠道维护的核心工作就是补货，这类工作根本用不着经理出面，所以，对于渠道网络比较成熟的公司而言，一线业务员的日常工作，基本上也不需要大区总监帮助。

李：既然业务到促销员和一线业务员就截止了，这是否意味着作为海尔的大区总监，主要的工作职责就是 review？

吴：没错！您知道海尔的大区总监岗位是按照什么逻辑设置的吗？

李：请您讲讲。

吴：我举一个例子，您就能明白海尔对大区总监岗位的设置逻辑有多妙了。当时广州海尔工贸打算对珠海市场进行精耕细作，设立区域机构。如果按照一般公司的做法，要进入一个新市场，一般都会派一个大区总监，等做到一定程度，才会配备相关人员。或者是先派一个普通销售，先耕耘一段时间，再根据市场业绩表现来确定是否设区域机构。

李：这样不是很好吗？试试再说嘛。

吴：海尔可不是这样。在海尔里面有一个非常重要的岗位，就是信息员。海尔的做法是，派一位大区总监到当地的时候，会同时派驻一位信息员。

李：同时派驻两个人到地方？

吴：是否有点像共产党在敌后开辟根据地的做法，军、政首长"双剑合璧"？

李：还真是！

吴：这个配合非常精妙。信息员的职责，就是专门配合大区总监开展各项行政事务。海尔的这种做法，是基于对最佳拍档的深刻理解。

李：为什么这么说呢？仅仅是两个人之间的配合而已啊。

吴：道理很简单，海尔这种大组织，内部的流程异常复杂，大区总监进驻当地，一切的目的就是尽快开拓渠道，开拓渠道才是海尔的生意基础。这样分工的好处是，大区总监前期只要专心做自己的渠道开拓，而信息员则负责内部的流程、台账管理，还负责招聘促销员。

李：我明白了，因为消费品公司的促销员和一线业务员就是业务的重心，就是业务的截止点，所以，管理角色从一开始就是二元制的，非常适合于组织的生态环境。信息员负责招聘和内部的流程跟踪，而大区总监则可以集中力量突破各个商场的进场门槛，并能自由来往于总部和地区之间，以便取得总部的资源支持。

吴：是的。海尔的大区总监职责，很像项目型公司的营销副总裁职责。只是，在渠道开拓的阶段，大区总监必须专心负责渠道开拓，后期则主要是 review 和人才的优化。

李：我理解了。

吴：可见，深刻理解业务应该到哪儿截止，是相当重要的。许多公司，连副总经理都是自己贴发票报销，而公司竟然向新来的员工炫耀这一点，认为那是管理卓越的一个表现！我真的不知道该怎么说了。

李：这种公司一定是"垂直对抗"的组织吧。

吴：当然。这种组织的高管，往往面带倦容，毫无明星气质。自夸一下，我的明星气质就完全得益于海尔的洗礼。自一线开始，我就享受了信息员的"五星级"服务，也就是说，我是一线业务员的时候，就已经在扮演领导的角色了，因为我随时可以得到信息员毫无条件的服务。

李：这么说，海尔的最佳拍档，顶层是张瑞敏和杨绵绵，而基层则是大区总监和信息员，是吗？

吴：没错。海尔从基层的信息员开始，往上有区域信息员、综合信息员、综合部长、企划部长、执行总裁；而一线业务员往上，有大区总监、工贸总经理、事业部长、商流本部部长、张瑞敏。前一条线是海尔的行政平台，这就是"最佳拍档"在组织中的形象体现。

李：真是一个庞大而复杂的结构啊。

吴：说海尔长于管理，是因为在每个层面，都体现了"最佳拍档"的特点。只有基于对管理的深刻理解，才能搭建出如此精妙的结构。

回答"到底谁才是总裁的下属"

吴：李总，我们前面聊了这么多，现在小结一下如何？

李：好啊。这段时间以来，聊到的关于"业务到 SBU 头截止"、"高管就是 review 并不指挥"、"招聘不应该是 SBU 头的责任"等，我获益匪浅啊！

吴：您现在能回答"到底谁才是总裁的下属"这个问题了吧？

李：SBU 头才是我的真正下属！

吴：没错！准确地说，SBU 头不仅仅是总裁的下属，而应该是总裁和副总裁的共同下属。只有"共同下属"这个概念，才能让总裁明白副总裁对自己意味着什么。这样，总裁就不会把副总裁负责部门的问题，一味归咎于副总裁。副总裁负责部门的问题，其实是总裁和副总裁共同的问题。

李："共同下属"这个概念确实很关键。

吴：是的，因为如果总裁问责于副总裁，那就还是一种对抗关系。而"共同下属"的概念，则是避免对抗的唯一途径。

李：副总裁的核心职责是用自己的勤奋来推动 SBU 头，但是不能指挥 SBU 头具体如何做事。

吴：这中间要特别注意的是 SBU 头岗位的性质，它不是一个管理岗位，而是一个十足的专才岗位。

李：嗯。

吴：总裁和副总裁要形成拍档关系，合格的 SBU 头是前提条件。

李：是啊，如果 SBU 头业务能力不符合条件，那副总裁再勤奋地 review 也解决不了问题。

吴：只有 SBU 头的业务能力合格，管理和业务的那道界线才有意义。如果 SBU 头非常投入但是能力不足，那么副总裁的岗位设置就没有意义了。我们可以拿现实生活来例证。在家庭中，子女是谁的下属呢？不就是父母的共同下属吗？

李：这个比喻很形象。

吴：孩子出了问题，难道是妈妈一个人的责任吗？

李：当然是父母的共同责任啦。

吴：我认为，孔子推崇孝，不是为了别的，就是为了让父母与子女的这种关系成为一个社会的主体，就是为了消除夫妻的对抗因素。这一点，西方就不一样，西方社会至今还是夫妻关系为主体的社会。

李：有意思。当父母关系隐退、夫妻关系彰显的时候，就会出现离婚率居高不下的情况。

吴：那是因为这种结构隐含着对抗的因子。类似的，如果还是按照一对一的逻辑处理总裁和副总裁的关系，那只能得到"对抗"这个结果。

李：那么，总裁和副总裁在日常中到底如何分工配合呢？以我为例，如果我每周只呆在公司一天的话，怎么防止副总裁变成"土皇帝"呢？我们之前提到过周例会的简单分工，那么季度和年度会议又如何呢？还有我的总经理助理又是什么角色？另外，如果组织规模太大，我怎么办？我的下属还是这些 SBU 头吗？

吴：别急，我们接下来就会聊到这些话题。我现在先回答您最后两个问题，我前面不是说过，"最佳拍档"只是一种原理，如果组织规模大了，常常会将营销职能独立出来，设立销售公司，这样，销售公司就有总裁和副总啊。

李：只要把视野扩大到整个组织，"最佳拍档"这种模式就可以应用在不同的层级。

吴：没错！这正是它的精妙之处。

篇四

全新的高管关系——最佳拍档

组织的外部和内部同样重要。所有的生命体都是一个交换系统，既有输入也有输出，如果把企业这种组织比作一个生命体，那企业的外部就是它的输入，奔走在外部这片"旷野"上，是总裁最重要的职责！

设置副总裁的目的，就是为了解放总裁，让他能花更多的时间在组织的外部，而副总裁需要做的是掌管内部日常事务。

总裁与副总裁之间，是一种拍档关系，既然是拍档关系，那他们在其共同下属眼里，就拥有同样的权威。

到底什么叫企业的精神领袖？

李：我们现在讨论一下我早就提出的那个问题，总裁和副总裁如何分工呢？我和营销副总裁老王是拍档而非上下级关系，我们的共同下属就是全国的 10 个大区总监，我和王总各自扮演什么角色？

吴：注意，我要补充一点，传统管理学认为，一个人只有一个上司。但如果把这个观点放在以拍档关系构建的组织里面，就会发现，它是有问题的。

李：是啊，我也在想，对于 10 个大区总监而言，我和王总都是他们的上司，这不就是一个人有两个上司吗？

吴：我们先把这个问题搁在这里，继续探讨拍档如何分工的问题，等探讨完之后，我相信这个问题会自然而然地得到解答。李总是否认同一点，几乎所有的公司计划，都是以周为基本单位推进的？

李：是的，虽然项目型公司的计划常常是以季度为单位，而消费品行业则常常以月为单位，但是计划几乎都是具体到周的。

吴：我的问题是，一直以来，您公司周一的晨会是怎么开的呢？

李：这个问题可问住我了。周一例会，直到现在都让我非常苦恼。以前我是周一上午开一个跨部门例会，参会人员就是我原先认为的"直接下属"，所有的副总裁加上总部的部分主管。这种会议的最大问题是，开会时几乎都是部门之间在相互指责。后来，我改为只让副总裁参加会议，但还是没法开，副总之间也总是在相互指责。

吴：您提到的情况不是例外，我这些年接触了不少总裁，这种情况太普遍了，会议开着开着就流于形式了，是不是？

李：是呀，我都不太想开周一例会了！

吴：各个职能部门内部不开周一例会吗？

李：也开，譬如营销部门的晨会，我一般让王总自己负责，如果我有空，也会参与一下。

吴：您参与王总部门的会议时，会发言吗？

李：有时候，我会讲几句；有时候，我只是旁听。我担心自己讲多了，会让王总担心被我架空啊。过去，我一直认为自己是新一代企业家，越权这种常识性错误我是不会去随便犯的。

吴：那您到现在还这样认为吗？如果您的直接下属是营销部门的10个大区总监，则周一的例会应该谁来主持？

李：照这么说，理应是我来主持才对。

吴：我们常常会听到这样一种观点，企业家应当是组织的精神领袖。李总可以想想，精神领袖通过什么方式来发挥作用呢？

李：我看到的精神领袖，常常是在媒体上，至于在组织内部是如何发挥作用的，我还真没有思考过。

吴：现在市面上逐渐出现一类畅销书，就是许多知名企业家的内部发言稿集合，这些发言是在什么场合呢？

李：肯定是在内部会议啊，就是说，所谓的精神领袖就是要掌握话语权？

吴：已经接近答案了。如果周一的营销部门晨会应该由作为总裁的您来主持，那么副总作为拍档，应该干什么呢？

李：我就是纠结于这个问题啊！

吴：那我们下次就一起来找出这个问题的答案吧！

最佳拍档和周一的晨会

李：先生，好几天没见，我这些天真是盼星星盼月亮啊！副总裁在周一例会上该做什么？我们赶快揭晓答案吧！

吴：既然营销副总裁是您的拍档，那生产副总裁也是您的拍档，研发副总裁、财务副总裁、物流副总裁、电子商务副总裁都是您的拍档——这就是您和每个拍档的区别。

李：不太明白。

吴：譬如营销副总裁，他虽然是您的拍档，但是他只需要考虑营销的事情。而您不仅仅需要考虑拍档们的事情，还有其他很多事情需要您考虑。

李：是的。

吴：我们把总裁的核心职责这个问题放在以后探讨。我现在要说的是，总裁配备副总裁，不是为了解放自己从而重点与副总裁相处，其本质意义在于解放总裁，让总裁花时间在组织的外部。

李：外部？

吴：对，外部！外部对于组织太重要了。外部才是输入，对不对？任何生命都是必须先有输入才有输出。同样的，一个组织的生命源泉也是输入，没有输入就没有输出！

李：虽然很抽象，但这个道理我同意。我们还是先回到刚才那个问题，营销副总裁究竟应该做什么？

吴：既然营销副总裁的职责就是协助总裁保障公司整体营销任务的完成，那么，营销副总裁要做的，就是全力跟进全国 10 个大区总监的工作进度，也就是我们之前说的 review。

李：并且是只 review 不指挥！

吴：没错！

李：不过，这与周一的晨会有什么关系呢？

吴：别急，我还是先讲讲我见过的卓越组织是怎么做的。我曾经供职的 Polycom 公司，市场份额占到国内近 50%，应该算是一个非常卓越的组织吧？

李：嗯，它的对手是谁？

吴：这个问题问得好！它的对手可全都是大牌啊，是思科、华为、中兴、Sony 这样的巨头。周一营销部门的晨会上，项目进度、营销数字回顾和工作布置都是由总裁主持，营销副总裁在旁边几乎不说话。

李：我还是觉得，这么做，有点把营销副总裁给架空了啊！

吴：不，总裁才是企业的精神领袖，总裁也是 10 个大区总监的直接上司，所以，他必须发挥精神领袖的作用！

李：难道营销副总裁就一直不说话吗？

吴：当然不是，总裁布置完一周的重点之后，营销副总会强调几个总裁说过的事情。尤其是 10 个大区总监离开会场后，两个拍档会详细探讨本周重点跟进的大区总监。会后的两人会议，主题常常是 10 个区域队伍的情况。

李：这个分工太有意思啦！

吴：其实，历史上也经常有这样的情况，管理诸侯的绝不是宰相，诸侯只有天子才能驾驭得了啊。王者之师经常告诫天子，必须经常接见诸侯，否则，诸侯就会起乱心。注意，总裁不仅仅要见 SBU 头，还要有规律地见面，这个规律就是计划的最小时间单位——周。

李：原先我一直不怎么参加营销部门的例会，可能正因为我不经常露面，就更容易让 SBU 头认为营销部门是营销副总裁的天下，这就加剧了营销副总裁的"土皇帝"心态。

吴：是的，按照传统的模式，总裁管副总裁，副总裁管 SBU 头，结果营销部门常常就变成了副总裁的天下。其实，总裁为了了解各区域的情况，就不得不允许营销部门的"内线"越级汇报。这样，只会加剧副总裁的不安全感。

李：看来，不理清总裁和副总裁的关系，不解掉传统管理原则的"毒"，很多问题都难以理顺啊！

吴：我们经常能看到一种可笑的情况，总裁有空参与了营销部门的例会，副总裁照例请总裁讲话，总裁竟然推辞说，"我就是来看看大家，没别的事情"，这简直是放弃自己作为总裁的职责啊！

李：惭愧，我自己也犯过这样的错误。原来，问题真正的根源在于我脑子里面"越权就是违反管理常识"的这种想法，而我原先对于"越权"的定义是完全错误的！

最佳拍档的日常分工

李：先生，几日不见，今天应该接着探讨拍档的日常分工了吧？

吴：是啊。总裁扮演的是精神领袖角色，精神领袖需要掌握话语权，而这个话语权，就是通过公共场合发挥作用的。

李：这个不难理解。

吴：全体部门的会议，或者是营销体系部门会议，这些都是象征着整体的会议，都应该由总裁主持。我之前提到过，总裁和副总裁在营销部门例会之后，会再开一个小会，拍档之间的小会，目的是什么呢？就是为了理清副总裁一周应该 review 的重点事项，小会就是为了达成这个共识。

李：明白。

吴：我前面说过，总裁设置副总裁的核心目的，是为了解放自己，花更多的时间在外面。需要精神领袖的会议，必须由总裁把持；日常工作，则由副总裁主持。

李：就是说，除了需要精神领袖出面的场合，总裁应该把自己的时间放在组织外部，内部的日常工作，则完全由副总裁主持？

吴：正是如此！我过去在这样的公司里工作时，还犯过一些低级错误呢！当时总裁经常主持例会而副总裁不怎么发话，我作为大区总监，就想当然地以为他们都是我的上司。会议之后，我就一些工作事宜打电话给总裁，您知道总裁是怎么回答我的吗？

李：我很想听听。

吴：他说："小吴啊，你难道不知道你的上司是谁吗？老王才是。你有什么事情，应该先与他沟通才对。"

李：恐怕我要是你，也会犯同样的错误。

吴：怎么讲？

李：因为主持周一例会的都是总裁，我一定会认为副总只是一个摆设而已，根本可以忽视他嘛！

吴：当时总裁这样一说，我马上明白了，周一例会是他主持，而内部日常工作则是副总裁主政。注意，周二到周五，在公司里是很难见到总裁的。

李：因为总裁的主要时间是在外部，忙于战略方面的事情。

吴：说得很对！有个成语叫做"神龙见首不见尾"，总裁就是一条见首不见尾的"龙"啊！

圆满太极的"我们"和垂直对抗的"我"

吴： 李总，您知道吗？最绝的是总裁和副总裁的讲话方式。

李： 难道讲话方式都不一样？

吴： 传统的公司，总裁以为只有自己一个人才是公司的老大，而其他人都是下属或者间接下属。所以，这些公司的总裁经常说的是"我怎么怎么样"。

李： 嗯。

吴： 我经常听到一些总裁的豪言壮语："所有人都走了，只要我（总裁名字）还在，公司就不会关门！"

李： 这个话，我也曾经多次说过啊。

吴： 对比两种组织，一类组织经常听到的是"我们"，而另一类组织经常听到的是"我"。

李： 一个"们"字，内涵可大不相同啊！

吴： 在最佳拍档的公司里，总裁经常讲的是："这个事，我和王总商量了，就这么办。"

李： 那营销副总裁又如何讲话的呢？

吴： 营销副总裁也是一样："这个事情，我和李总商量过，就这么办。"

李： 有意思，在最佳拍档的关系里，总是"我们"，而不是"我"。

吴： 我曾经亲眼见过一件事情，当时是公司出了一个促销政策，一个总代的总经理怒气冲冲地打电话给营销副总，抱怨促销政策对他们不公平。您知道营销副总裁是如何解释的吗？

李： 请说说看。

吴： 营销副总裁听他抱怨完了，说了一句："您说的情况我都理解，不过，这个事情我已经和李总（总裁）商量过了，就这么办！"

李： 真是牛。这简直就是甲方的口气！

吴： 我当时设想过一种情景，如果是"垂直对抗"的组织，这位营销副总裁可能会对总代的总经理说："×总啊，这个方案又不是我的意思，公司总裁要这么干，我也没办法。这样吧，我建议您最好是……"

李： 这不是把总裁给卖了吗？

吴： 这就是"垂直对抗"的结果。

李： 看来，"垂直对抗"的世界根本就没有秘密啊。

最佳拍档的精妙之处

李： 这些天，我一直在思考您的话，也就是"会议由总裁主持，日常工作由副总裁主政"的奇妙分工，越想越觉得精妙啊。

吴： 说来听听。

李： 过去周一例会经常是上周的工作总结，接下来就是听听各岗位各部门本周的重点工作。会议结束之后，营销副总裁的重点工作其实是不清晰的。现在则可以让周报、周一例会形成管理的"闭环"。

吴： 其实，《韦尔奇自传》里面就有专门的篇章阐述 GE 的运营会议体系，您能将最佳拍档和会议联系起来理解，自己领悟到这一层，真是了不起！

李： 谢谢，不过，我还想和您进一步探讨一下关于最佳拍档之间的配合问题。

吴： 其实，最佳拍档之间有一种微妙的平衡。您想，周一例会您作为总裁布置一周的策略和重点工作，这样，副总裁日常主持工作的时候，能否偏离呢？

李： 很难，副总裁一旦与之违背，SBU 头们很快就会反馈。

吴： 所以，最佳拍档模式，是加强了总裁的权威，还是削弱了总裁的权威呢？

李： 这样看来，当然是加强了总裁的权威。

吴： 确实。传统的管理方式，SBU 头们很少见到总裁，而现在每周都能见到总裁，这样，SBU 头们就知道，只要自己努力工作就能展现自己的才华，也不用太多地关注副总裁的脸色了。这样，从下到上的言路就打开了。

李：这样，他们就敢于坚持自己的意见，也敢于承担自己的责任。

吴：最大的好处还在于，总裁一旦有了最佳拍档，自己就可以忙一些更加重要的事情。而且，总裁有规律地在周例会上见 SBU 头们，不但可以大大提升队伍的稳定性，还可以发现真正的人才。

李：确实如此。

吴：还有呢！副总裁主持日常工作，不就防止了"土皇帝"心态吗？因为他不太可能在营销部门中培植自己的派系了。

李：好处真多。

吴：可见，总裁要强化自己的权威，通过控制的方式是办不到的，相反，通过分享却可以！许多总裁一听到"最佳拍档"，就以为是削弱自己的权威，殊不知，不是削弱，而是相反啊。

李：不过，我觉得这些做法全都是在削弱营销副总裁的权威，他能愿意接受吗？

吴：还是那句话，恰恰相反，不是削弱，而是加强！

李：怎么会？以前营销副总裁独占一方，完全是由他一个人说了算，而现在，主导权完全落在了总裁手里啊！

吴：其实您讲的仅仅是和平时期。要知道，公司经营中最关键的是困难时期。公司的营销出了比较大的问题时，总裁会怎么做呢？

李：我作为公司总裁，肯定拿营销副总裁是问。

吴：还有呢？

李：我肯定还会出面了解情况，我没有什么特别的办法，只能去拜访渠道、客户，和各个区域的员工交流。

吴：总裁一旦这样做，营销副总裁就会认为总裁在越权，肯定一肚子火啊。搞不好，他还会把责任完全推到您的身上。他心里会怨恨："问题本来不是那么严重，就是因为总裁出面瞎搅和，才让问题变得更糟！"

李：业绩出大问题，我哪会管那么多？

吴：这样的环境下，无论是能力有多强的营销副总裁，能干长久吗？看，这就是在传统组织里副总裁的真实写照！

李：等等，您之前说过，在最佳拍档这种关系里，营销副总裁的权威也得到了加强，那就是说，我刚才说的做法，还是传统公司的做法。那么，在最佳拍档式的公司里面，总裁会怎么做呢？难道营销出了问题，总裁完全不问营销副总裁？

吴：关于总裁和副总裁的关系，最佳拍档式的公司与传统公司有两个最大的区别。首先是责任的划分，营销副总裁只要勤奋督促 SBU 头全力以赴即可。如果营销业绩出问题，他不再被总裁问责，不再被总裁责骂。这样，他会感觉总裁对他无比尊重，也感觉到公司不再是自己的一个临时落脚点，他会感觉公司就是他的家，就是他的梦想舞台。

李：这一点，从副总裁的角度来说，确实很好。

吴：第二个区别是，营销副总裁在日常的工作中具备了与总裁一样的权威。这在传统的"垂直对抗"组织里是不可能实现的，因为总裁和副总裁的对抗，必然导致部分员工追随总裁而不把副总裁放在眼里。而在最佳拍档式的组织里，根本就不会出现这种情况。

李：赞同。

吴：这样的环境，能力再强的副总裁，还有什么不满意的呢？他的身心不再焦虑，不再天天考虑自己与他人对抗的"政治资本"。

李：这样说来，在最佳拍档式的组织里，副总裁的心只在一处，就是公司，私心几乎就不存在。

吴：不错。不过，要完全消除副总裁的私心，总裁还要解决两个大问题，一个是费用，一个就是待遇。这个问题我们后面再谈。

李：我现在明白了，最佳拍档不但没有削弱营销副总裁的权威，反而是极大地加强了！

吴：因为在最佳拍档式的公司里面，总裁和副总裁的权威和声誉是同样受到保护的啊！

李：能否推测，这还可以产生一个效果，就是不管营销副总裁权威多高，他也不会想到自立门户？因为他的权威完全是建立在总裁的实时授权基础之上的。

吴：为何？

李：因为 SBU 头们不会轻易跟随他，他们都知道自己在总裁心中的位置。只要副总裁起异心，总裁随时都可以把控局面。

吴：哈哈……李总不愧是当权者，有"政治"头脑啊！不过，准确的表达应该是这样的，在最佳拍档式的组织里，SBU 头们不再跟随人，而是跟随事情。文学一点讲，总监跟随的是理想！

李：惭愧，用阴谋论来阐释最佳拍档确实不太合适。

吴：在本次谈话结束前，请允许我引用老子的一句话。老子曰："知常容，容乃公，公乃王，王乃天，天乃道，道乃久，没身不殆。"只有"公"，才能得天下啊！也只有"公"，才能让每一方都"得"。最佳拍档的秘密，其实就是关于"公"的秘密啊。

组织的内和外

吴：我们今天谈一些关于"组织的内和外"的话题吧。我先问一个有趣的问题，一枚硬币有正面和反面，请问，正面是硬币的整体还是局部？

李：肯定是局部啊。

吴：呵呵，那您可以单独给我一枚硬币的"正面"么？

李：这个……

吴：没有正面，这个硬币会有反面吗？所以，正面和反面其实都是事物的整体啊。

李：这好像是一个哲学问题啊，这与管理有什么关系吗？

吴：如果现在不是一枚硬币，而是一个组织，情况会怎么样呢？我们不是常常会说公司内和公司外吗？问题是，总裁应该花多少时间在公司内部和外部呢？各50%？或是其他比例？

李：我明白了！按照硬币的正反原理，内部应该花100%的时间，外部也应该花100%的时间。

吴：没错！这两个100%还可以这样描述，组织里面的事情需要精益求精，需要100%的关注；组织外部的事情也需要精益求精，也需要100%的关注。

李：不过，如果这样的话，总裁就既要把100%的时间花在外部，还要把100%的时间花在内部，那不是要把总裁撕成两半？好像办不到啊！

吴：这不刚好说明了，总裁是不可能一个人承担这项任务的……

李：最佳拍档正好可以解决这个问题！

吴：营销也好，研发也好，生产也好，组织的各个职能，其实都有两个面，这些职能的内、外部都一样重要。最佳拍档这种组织方式，正是处理内部和外部关系的一剂良方。

实践最佳拍档时，该如何入手呢？

李：经过之前的谈话，我迫不及待地想实践，但是，我一回去就开始犯愁，不知道该如何入手。我担心得不到副总裁的理解啊。

吴：您的担心可以理解。管理本来就是一门实践的学问，同样的理念，可能 100 个人实践，就会有 100 种表现方式。所以，最好的学习方法不是观念探讨，而是实践。

李：很有道理。

吴：我想先问一个问题，您公司的营销副总裁每月费用是如何规定的？

李：每月费用？先生指的应该是营销副总裁的每月差旅、招待、住宿等业务费用的标准吧？住宿、差旅和补贴公司都有规定的标准，至于招待费用，则是与营销目标挂钩的。

吴：真的吗？如果营销副总裁是总裁的拍档，那总裁需要限定副总裁的每月费用吗？我微软的同事打过一个比方，丈夫应该限制太太每月的费用吗？

李：您是说，营销副总裁的费用应该等同于总裁吗？

吴：我不会这样说。我想表达的意思是，营销副总裁的费用不能先界定个数量再花，衡量营销副总裁的标准只有一个，那就是他"在场"的程度。

李："在场"的程度？

吴：既然总裁配置副总裁的主要目的是为了解放自己，以便忙组织外部的事情，那营销副总裁就是要盯住内部的队伍和数字目标。"在场"就是让全国各地的 SBU 头们时刻感觉到营销副总裁的存在。

李：为了让营销副总裁充分发挥"在场"的作用，那么，费用是不能事先限制的，更不能与营销目标挂钩？

吴：是的，这是我的观点。一些公司竟然以上个月或季度的回款额，来限定本月营销副总裁的费用支出，这简直是企业的自杀行为啊。

李：怎么说？

吴：人才只有"转"起来才能有产出，只有高速地"转"才有高产出。而"转"就必须有充足的费用，没有费用怎么"转"？

李：问题是，一个人产出虽高，花费却也非常厉害，那样公司不是变成了在为他打工了吗？

吴：难道花费大就意味着公司没有利润了吗？

李：还有别的结果吗？

吴：当然有。第一，一个真正的人才，肯定会有责任感和羞耻心。如果没有足够的产出，他是不会有这么高的花费的。所以，我们经常说，人才不可能是成本。第二，如果公司觉得花费确实有点多，只要收紧一下账期，不就解决了问题吗？

李：我明白了，只要把生意的要求提高点，就很容易解决问题。

吴：其实，哪怕一个人花费再大，哪怕不盈利，他只要能有高产出，对公司也是很大的福音。

李：那不白干了么？

吴：市场占有率本身就意义很大啊！

李：原来如此。我们刚才讨论了半天营销副总裁的费用问题，可这与最佳拍档的实践入手有什么联系呢？

吴：有联系。增加拍档的费用，甚至告诉他实报实销，看他在不受资源约束的情况下会干什么，以及能干什么。

李：我还是不明白，一个人怎么能不受费用限制呢？

吴：还是那句话，一个真正的人才，怎么可能是成本呢？一个真正的人才，只有一种情况才能验证他的价值，那就是全力以赴地工作。费用不受约束，已经隐含了一个假设，那就是营销副总裁是一个人才。只要他努力工作，其他都是自然而然的事情。

李：我来理一下这个逻辑，既然公司已经按照某个岗位的要求招聘了一个人，那就相当于已经假设这个人是公司需要的人才，只有让他发自内心地、全力以赴地工作，才能验证他的真正价值，对么？

吴：非常到位！所以，最佳拍档的实践，就应该从放开副总裁的费用入手。这种放开，其实是对副总裁人格的尊重。

拍档不受费用限制的实践探讨

李：先生啊，我得先说一下我上个月的实践情况，简直太棒了！

吴：哦？您是如何实践的呢？

李：我回去后，按照您说的，给予营销副总裁充分的空间。譬如，我对营销副总裁说："王总啊，我看以后您和员工多聚聚餐，不用考虑费用的问题，实报实销嘛。"

吴：不错，这样只是说了事情的内容，并没有标榜管理理论。

李：您知道结果怎么样？王总一下子眼睛都亮了，估计是信任带来的光芒吧。

吴：其实，总裁的拍档，也就是副总裁级别的人，只要在不受费用约束的环境下工作 3 个月，就能充分看出这个人是否符合工作岗位的要求。

李：不过，我还是有点担心，王总会不会乱花钱啊？而且，王总花钱联络了感情，我会不会受到 SBU 头们的疏远呢？

吴：看来我还是要解释一下，您想想，周一的例会都是总裁说了算，而且在周一的例会中，SBU 头们都已经汇报了本周的重点工作，这样，在两人小会上，总裁和副总裁已经明确了本周的目标。到了周末，总裁和副总裁再碰一次，这就是一个典型的闭环。加上王总在费用上受到总裁的绝对信任，还有日常工作中的绝对指挥权力，王总没有理由不努力工作达成拍档小会上相互间的约定啊。

李：这样我算明白了。

吴：这就是我为什么建议从解放副总裁的费用入手。营销副总裁作为总裁的拍档，对其能力的要求是很高的，所以，那些想转型的公司，最好先从解放费用入手。

李：您下面想说的话，我试着来接一下，解放费用才能验证副总裁的能力，以及对方对高强度工作的愿意程度。只有符合要求的副总裁，才有资格成为总裁的拍档，否则总裁只会费力不讨好。

吴：看来李总的思路越来越清晰了。

队伍狼性的源泉

李：先生，真是感谢您啊，这两个月我总算明白了费用的秘密。

吴：我很想听听李总的亲身体会，请给我讲一讲。

李：就像您说的，真正的人才只要努力工作，就不可能是成本。而要使人才努力工作，则解放费用是第一步。而且，真正的人才在费用面前，他自己知道如何控制。当然，这里的人才，专指我的拍档。您知道吗？这两个月来，我的营销副总裁王总发生了天翻地覆的变化。

吴：有那么夸张吗？

李：我觉得用天翻地覆来形容还不过瘾呢！过去王总很少加班，工作激情也不够，偶尔还在我的背后发牢骚。自从费用解放之后，王总简直变了个人，现在加班加点是常事，而我根本就没有这么要求过。

吴：费用现在增加了多少？

李：我曾经还担心费用会增加很多，结果发现，费用其实增加很少。吃饭能花几个钱啊，其实内部的聚餐投入是非常值得的。

吴：那么现在验证了王总的能力是否符合拍档的要求？

李：应该符合。王总的行为变化，竟然给整个公司带来了变化。我现在才明白，只要拍档勤奋起来，整个公司就会勤奋。拍档才是公司运营的枢纽啊。

吴：当然，解放了营销副总裁，也就解放了总裁。过去营销副总裁是做给总裁看的，而且为了巩固自己的位置，不但不管下属，还经常讨好自己的下属。

李：现在好了，营销副总裁胆子也大了，而且只对公司负责，也愿意给 SBU 头们压力。

吴：那现在公司的 SBU 头们怎么样了？

李：那还用说，因为他们决策的独立性得到保护，积极性特别高。

吴：李总现在明白什么叫"安全"了吧？

李：嗯。营销副总裁觉得安全了，因为他只要督促 SBU 头们在真正地努力做事。

吴：继续。

李：SBU 头们觉得安全，因为他们只要努力工作，从来不用担心总部的人背后拆台。

吴：呵呵，不错。

李：我现在才明白，为何那些优秀公司的队伍常常呈现狼性。原来，狼性队伍的建设并不难，最佳拍档治理结构才是狼性的起点啊！

吴：您不是一直感叹，为何就找不到真正把公司的事当成自己的事的人吗？

李：确实是这样，一直以来，我最大的心愿就是，能找到关心公司超过总裁的人。原来，只有最佳拍档的机制才能真正找到这样的人。

吴：确切地说，其实不用找，他一直就在您的身边，只是您的问责让他们避而远之罢了。

李：是啊。如果是传统的管理模式，内耗本身就很严重，要产生以公司为事业的员工就更难了。不过，公司必须设立副总裁吗？如果没有副总裁，我直接管理各 SBU 头又如何？或者说，我不设立营销副总裁，只设一个总经理特别助理又如何？

吴：这个问题很专业。这样吧，下次我们再深入探讨如何？

为何必须设营销副总裁？

吴： 今天我们继续上次的话题。先假设一下，如果不设置营销副总裁，总裁会忙什么呢？

李： 当然是忙业务了。因为各地的 SBU 头们只能找总裁来协调、解决相关的业务问题。

吴： 那么，业务问题会耗费总裁多少时间呢？

李： 这个……不好界定啊！

吴： 以我的经验，业务问题消耗的时间，可以说是无穷无尽。我记得以前某外企的 CEO 经常说的一句话："销售的本质就是鬼混。"他说的"鬼混"，就是每天晚上与各级员工、渠道、客户"鬼混"。如果总裁直接管理全国的 SBU 头们，总裁能做到经常与他们"鬼混"吗？

李： 如果占用时间太多，我可以设一些总经理特别助理啊。

吴： 我所理解的总经理特别助理，一般都是能力还远远达不到营销副总裁水平的人。您想，SBU 头们都是管辖一方的"诸侯"，总经理助理能与他们对话吗？

李： 如果是小公司，是否可以不设营销副总裁呢？

吴： 什么叫小公司呢？不好界定啊。我们拿华南的公司和华东的公司作一个对比。华东的公司很少涉足 OEM 出口市场，因为它们常常就是一个供应链的中心，用自己的品牌打天下，自己面对全球化的市场竞争，所以，华东的企业家很早就明白了规模才是生存的基础。而华南的公司一直生活在 OEM 市场中，公司仅仅是某国外公司的一个工厂而已，根本不明白竞争是什么。所以，再大的华南公司，在华东公司眼里都是很小的。

李：说的是，不过这与设不设营销副总裁有什么关系呢？

吴：我想说的是，公司小的时候，更要奋起直追，更要有危机感。如果一开始就将自己圈在公司内部，那外部谁来关注？要知道，公司的经营除了业务之外，还有许多更重要的事要关注，譬如产品化的工作、获取和优化人才的工作，等等。

李：还是听不太明白，请举个例子来说明吧。

吴：我曾经咨询过一位溜冰鞋行业的总裁，他最大的抱怨就是下属员工没有一个合格的。这个公司在2007年非常风光，那个时候，它的制造优势非常明显。当整个行业都在手工制造的时候，只有它一家采用了机器生产，质量相对优势非常明显。但是它一直就没有设立营销负责人，总裁一个人直接管理全国的十来个业务员。

李：后来呢？

吴：制造优势明显的时候，这家公司还没有什么感觉，一切都顺风顺水。后来竞争压力来了，别的公司制造水平也赶上来了，渠道的抱怨就越来越多了。这个时候您可以推测，总裁在营销方面用的时间会越来越多。

李：这不是很正常吗？会有什么问题吗？

吴：问题很严重啊。您想，总裁一旦关注数字，就会发生一个很有意思的现象，那就是业务员为了表现自己，都抢着带总裁出面拜访当地客户，结果呢？总裁天天被业务员带着见这个见那个。

李：这不是很好吗？

吴：您也太小看业务员了。当业务不好做的时候，那些经验丰富的业务员都会掌握一个技巧，就是我前面提到过的，把一个订单变成"内部的人民币"！也就是说，尽量让高层早点出面，只要总裁出面，他就一定认为自己在努力工作，而一旦订单出问题，则因为总裁都参与了，怎么能怪业务员呢？

李：这一招真够毒的啊，那位总裁后来是什么情况呢？

吴：当总裁天天被业务员"绑架"的时候，根本没有时间关注那些"僵尸业务员"（指业绩完成差的业务员）。结果呢？当然是心知肚明的业务员已经开始找退路了，而"僵尸业务员"却得到了留用。

李：怎么可能？应该早点把"僵尸业务员"辞退才是！

吴：当销售工作问题严重时，总裁没有拍档，只能自己领头去抓那些机会点，根本没有时间关注那些"僵尸业务员"。总裁心里可能会想："现在公司经营困难，就先让他们带着吧，等我把业绩提高再来解决这些人吧。"结果呢？

李：结果就是公司里面"僵尸业务员"越来越多了！

吴：是啊，总裁没有拍档的公司，出现的问题真是千变万化，就像一个失去平衡的身体，根本不知道会滋生什么样的疾病出来啊。

可笑的明星员工

吴：李总，今天我们谈一些比较抽象的管理问题，如何？

李：好啊！我正想提高一下自己的理论修养哩。

吴：衡量一个公司是否是最佳拍档的治理结构，只要看看总裁是如何评价内部员工的，就非常清楚了。

李：怎见得？

吴：我见过一件非常有意思的事，某总裁"三顾茅庐"，总算把自己的哥们儿说服，让他到自己的公司来当营销副总裁。但是您知道发生什么事了吗？

李：怎样了呢？

吴：没出 3 个月，这位营销副总裁就离开了那家公司。

李：这么随便啊，也太不够朋友了！

吴：其实第一个月，我就知道结局了。

李：您从哪点看出来的？

吴：用最佳拍档的理论来检验一下就知道了。第一个月，我进这位总裁的办公室，发现公司的宣传栏上赫然贴着本月的优秀员工，这位营销副总裁的照片贴在了当月明星员工的榜首！看到这张照片，我就知道结局了。

李：看一张照片，就能知道结局？

吴：您想，这张照片说明了什么呢？说明了这位营销副总裁与总裁的关系根本不是拍档，而是上下级。在总裁的眼里，公司的每一位员工都是自己的下属，自己有权力褒奖任何人。

李：难道褒奖也有错？

吴：既然总裁能当着大家的面褒奖这位副总裁，也意味着他也可以当着大家的面指责这位副总裁啊。还记得老子说的"高下相倾，前后相随"吗？

李：原来如此。既然营销副总裁是总裁的拍档，那总裁怎么能当着员工的面去表彰自己的拍档呢？拍档和总裁一样，只有表扬别人的份，而不是接受表扬。这一点对心理的影响非常大啊。

吴：说得好。我再举个例子，我还去过一家国内很牛的第三方物流公司，我去的时候刚好碰上这家公司的年终会议。您知道发生了什么事情吗？

李：也发生了类似的情况？

吴：当晚会到了表彰的环节时，我发现，总裁当着所有员工的面，为营销副总裁颁发了一枚奖章，叫"最佳伯乐奖"！

李：这位营销副总裁也走了？

吴：哈哈……何止，当面表彰公司副总裁的总裁，常常会发现他的副总裁流失率非常高。不出3年，我听说那家公司的副总裁仅仅剩下了一个。

李：这就是"垂直对抗"的结果啊！

记忆力衰退，为何？

李：先生，为何我觉得这两年里，记忆力下降很快呢？

吴：哈哈，那是因为您没有实现最佳拍档的缘故啊！

李：难道最佳拍档的治理结构还能提高一个人的记忆力？记忆力下降应该是生理方面的缘故才对啊。

吴：记忆力的下降当然有很多原因，但是您可以根据自己的体验验证我说的理由是否成立。

李：请先生说说看。

吴：在"垂直对抗"的公司里，总裁最大的特点就是喜欢教训人，喜欢好为人师。

李：没错。

吴：再继续发展下去，就会开始骂人。

李：那当然，恨铁不成钢啊！

吴：我想问问李总，当您在教训人，在好为人师的时候，心理状态是什么样的呢？是真生气还是假生气？

李：当然是真生气，生气员工怎么这么笨啊！

吴：这就是问题所在，当一个人很生气的时候，那是什么状态？几乎全部的心神都会被某人的错误行为霸占！

李：确实如此。

吴：那种状态，会导致全身心只想一件事情，其他事情完全忘记了！

李：是的，每次开会，我就情不自禁地火冒三丈啊！在那种状态下，我哪还有心思考虑当天的其他重要事情。只要骂人，整天的心情都很差，好多重要事情都会受到骂人时情绪的影响。

吴：我想说的是，如果一个总裁总是处于真生气的状态中，他的记忆力不下降才怪！按照老子的说法，生气就是争斗，争斗就会僵硬，僵硬就是死地。这样的日子久了，总裁的全身就会变得越来越僵硬，这就是记忆力下降的逻辑。因为一个人总是被外部的负面东西控制时，就无法用心去思考别的事情。

李：您说的我深表赞同啊！因为一个健康的身心，应该充满弹性，常常可以同时处理几件重要的事情。

吴：这就如幼儿，刚才还在哭哭啼啼，马上又会喜笑颜开，一秒钟前的伤心可以马上烟消云散。为何？因为他们的哭哭啼啼并没有往心里去啊。最怕的是真生气，真生气对人的整个身心都是摧残啊！

李：所以，高管的第一条要求，就是要戒掉指挥人，戒掉教训人，戒掉好为人师！

吴：说得好！指挥人，那是操盘手应该做的事情。操盘是SBU头的专利，因为事情是以他为核心的，所以，SBU头常常脾气很火暴，这是工作性质决定的。

李：嗯。

吴：我们说高管要戒掉教训人，而SBU头则常常呈现好为人师的特点，这其实是很正常的。

李：我总算明白了我记忆力下降的缘故，是因为自己和员工总是处于对抗的状态。原来最佳拍档还可以养生啊！

吴：精神，精神，就是精气神，最佳拍档和养生为一体，太正常了！

寻找所谓的秘密

李：先生，我们今天来讨论一下关于提高创新能力的话题吧。我感觉创业初期，公司的活力很足，而越到后面，则越发现公司的新想法在减少。

吴：您说得没错。创新能力对一个公司太重要了，就像 iPhone、iPad 的创新对于苹果公司来说是非常关键的。我们总是在质问；为何中国公司的创新能力如此不给力呢？

李：是啊，先生对创新是否也有研究呢？

吴：我的研究结论是，提升创新能力，其实是一个伪命题。创新就如利润一样，其实是一种自然的结果，而非目标。

李：创新是伪命题？我还是第一次听到这样的言论！

吴：且听我解释。我接触过很多公司，发现一个很有意思的现象，有两类公司的发展非常缓慢。

李：哪两类呢？

吴：一种是总裁经常呆在办公室的公司，这种总裁，与供应商都很少接触，也很少与渠道接触，因为他们总以为管理就是驱动他人做事；另一种是总裁把精力几乎都放在订单上的公司，总裁就是公司的超级业务员。这两种公司，共同的特点就是总裁将大部分的时间花在了内部事务上。

李：这两种总裁确实非常多。

吴：更有意思的是，这两类总裁，现在还多了一个共同特点，就是周末特别喜欢参加各种培训班。有些总裁简直成了读书迷，从广州读到上海，再从上海读到北京。这些总裁们以为，只要自己在学习，就一定能成功。

李： 这不就是所谓的学习型组织吗？

吴： 这难道就是《第五项修炼》留下的遗产吗？如果您与这类总裁深入交流和接触，就会发现，他们之所以热衷于参加各种培训班，是因为他们相信，公司的经营一定存在一个秘诀，只要找到就能柳暗花明。

李： 其实我也相信公司经营是存在某种秘密的……

吴： 整天忙业务的总裁，他们追求的所谓秘密，会是哪方面的秘密呢？

李： 应该是关于生意的秘密吧？

吴： 没错！但生意哪有什么秘密可言呢？战略也好，商业模式也好，都属于物理世界的范畴。物理世界的特点是什么呢？

李： 这可问住我了。

吴： 就是阶段性啊！物理世界的任何存在，必然有开始，有终点。这中间，就是无常。这种特点在 IT 行业尤为显著，您见过不变的商业模式吗？竞争优势永远是相对的，变化才是战略的本质。

李： 这又意味着什么呢？

吴： 这意味着在物理层面，公司经营根本就没有什么所谓的秘密！组织的应变能力才是关键。

李： 有道理。

吴： 我还发现，那些与副总裁处在对抗关系中的总裁，因为对抗，常常会养成把原因归咎于外部的习惯。这样，总裁的内心力量也随着人际对抗程度的加强而减弱。

李： 怎么讲呢？

吴： 对抗带来的最大问题就在这里了，一旦不断把问题归咎于外部环境和他人，总裁就会养成一种习惯。譬如，他因为某个机缘找到了自己所需的答案，当时他可能非常兴奋，但是过不了多久，他就会怀疑，"这个答案不错，不过，我想应该还有更好的答案"。这样，他又会开始去寻找所谓的"更好的答案"。

李：有意思。

吴：所以，如果总裁和副总裁处于对抗的关系，必然会导致再好的创意也会因为组织的"弃婴"现象而夭折。

李：现在我明白了，在物理世界中是没有终极答案的。战略是属于物理范畴的，战略的本质就是阶段性的，根本就没有什么永恒的战略。

吴：总结得不错。

李：难道公司经营就没有秘密可言？

吴：当然有，但那属于人文的范畴。譬如人与人的关系，就有绝对永恒的东西。

李："最佳拍档"关系，应该属于这个范畴吧？

吴：当然！一个总裁与其追求无常的东西，不如去探索"永恒"的世界。我们不是常说"以不变应万变"吗？这个"不变"，就是圆满的人际关系啊。

企业家的营销近视症是如何得的？

吴：我认识的一位总裁，他有一个习惯，他特别喜欢跑市场，譬如观察消费者、拜访经销商、与各地渠道员工沟通等。您知道他跑市场的目的是为了什么吗？

李：应该是了解市场、联络感情吧？

吴：如果真是这样的话，那这个目的也太单纯了！

李：单纯？

吴：我说的"单纯"，体现在他做这些事情只有一个目的——了解市场。哪怕与渠道商在一起，也仅仅是为了了解当地市场，至于渠道商的忠诚度、渠道商与他的情感，这些好像根本就不重要。

李：我觉得这样没有什么错啊，所谓战略、策略，不就是通过学习、倾听和交流来实现的吗？

吴：这种经营观有一个很容易让人忽视的陷阱，那就是公司忽视了战略与人的关系。我们常常认为，架起策略和人之间桥梁的，就是执行而已，其实不是这样的。像刚才说到的那位总裁，在某个时期，他也常常能提出许多很有见地的策略。

李：当然，企业家本来就比较擅长捕获商业模式。

吴：这类总裁想当然地认为，公司的问题就是策略和执行的问题。这就是为什么他们特别喜欢跑市场的原因。他们以为只要摸准市场的脉搏，回来找队伍执行到位就可以了。

李：这样好像挺有道理啊。不是有一本书叫《执行力》吗？好多培训机构都在强调执行的重要性。

吴：真的吗？我随便举个例子，您就明白了，把公司的经营问题简单分为策略制定和执行，简直就是侮辱管理这门科学啊。

李： 何以见得？

吴： 我们知道SBU头是区域项目的操盘手，问题是，这个项目是怎么来的呢？我想您应该赞同这不是来自总部的吧？项目其实是SBU的队伍跑出来的。也就是说，区域的项目，根本就不是总部计划的，而是自己寻找的。

李： 然后呢？

吴： 很明显，公司的策略中心绝对不是一个，而是有无数个。在海尔，每个促销员就是一个策略中心，就是一个订单的操盘手。而且，这些操盘手，不但是策略的中心，而且也是策略执行的中心，策略和执行在SBU头身上完全是一体的。

李： 我明白了，如果一个总裁跑两天市场，就以为找到了方法，就以为能够取得自己想要的，这其实根本就是错觉！如果队伍参差不齐的话，他找到的所谓"策略"是无法被执行的。公司经营不是简单的二分法，策略和执行常常是一体的。

吴： 我们现在回到这位跑市场的总裁的公司里看看吧。他的队伍很少得到优化，用他自己的话讲，就是没有一个合格的中层干部，连一个合格的操盘手都没有，您能相信吗？您知道这个总裁接下来会怎么样吗？

李： 应该去调整队伍吧？

吴： 您这么推导确实很符合逻辑。不过，在现实中，最大的困难莫过于对人才的评价。我说他的公司没有合格的中层，这只是我自己的观察。但这位总裁可不这么认为，公司里平庸的人太多，而且多年都是如此，所以他早就见怪不怪了，认为天下的员工就是这个样子。

李： 如果不从人入手，那他从哪些方面找原因呢？

吴： 很有意思，他常常把问题归咎于总裁的策略问题。也就是说，经营越困难，他越会把原因归咎于自己的策略。

李： 他就不把原因归咎于是自己的员工问题吗？

吴： 员工的问题？什么叫员工的问题？是员工的执行问题，还是员工本身的能力问题？就我的了解，这位总裁理解的执行问题，并没有包含员工的能力在内。而我们知道，SBU 头的核心问题就是能力，SBU 头不是一个管理岗位，而是一个专才岗位。SBU 头的执行，与 SBU 本身并没有关系，那是营销副总裁的问题。

李： 明白了。

吴： 而这位跑市场的总裁呢？他总是在更改策略。这样下去，给员工的最大感觉是什么呢？就是总裁的想法经常变。这是创新吗？您知道往下发展，会出现什么情况吗？

李： 这肯定不是创新，如果经常改变策略，会让员工无所适从。如果创新总是半途而废，会让员工更加怀疑公司的创新举动。

吴： 再往下发展，就会发现这个总裁的"营销近视症"会越来越重，因为公司的业绩压力越来越大，渠道的抱怨会越来越多，加上内部的平庸员工一大片。这样，失败越多，总裁就会越怀疑自己的战略能力，而且，他对行业的认识会越来越没有高度。

李： 再发展下去，这位总裁可能会愈加不自信了吧？

吴： 是的。总裁越关注眼前，"营销近视症"就会越严重。对于未来，可能连想的勇气都没了。

企业家应该寻找什么样的秘密？

吴：李总，您不觉得我前面讲的两类总裁，隐含了一个平衡点吗？

李：平衡点？

吴：您看，第一类总裁主要把时间花在组织内，这种公司在项目型公司里比较常见，因为这类公司给人感觉订单就是一切；而第二类总裁则主要把时间花在组织外，这类公司在消费品类公司比较常见，因为这类公司的产品和策划非常重要。

李：这样说来，他们并没有错啊，为何还出现那么多的问题呢？

吴：您不觉得，这些总裁们都处于相同的困境吗？一个是忙了里面丢了外面，一个是忙了外面丢了里面，结果呢？都仅仅是为了生存而在经营公司。不管怎么搞，规模都很难弄上去。

李：的确，公司的内和外，都同样重要，一个都不能忽视。

吴：对。如果说公司经营有什么秘诀的话，那就是如何取得内外的平衡。

李：也就是说，既要抓住内部，又要取得外部资源。

吴：您觉得有什么办法呢？

李：难道是最佳拍档吗？

吴：没错，答案正是最佳拍档这种治理结构。

李：原来，最佳拍档同时也是一种平衡的艺术啊。不过，传统的垂直式治理结构，就不能实现内外平衡吗？

吴：如何实现呢？

李：我可以找一个人，让他主内，我则主外，如何？

吴：关键是您和他是什么关系呢？

李：我懂了，关键还是关系的实质。最佳拍档并非是在现有组织架构上的改进，而是一种崭新的组织关系。

吴：所以，最佳拍档其实是告诉总裁，应该如何对待他人，这是一种人生观。这种关系的最大特点是你中有我、我中有你，不再是一种割裂的关系。看看下面这个图，您就明白了。

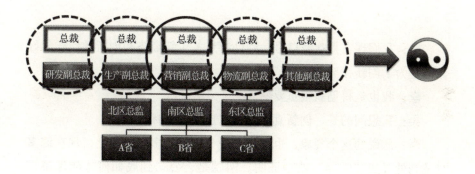

李：营销副总裁在场，总裁主持会议、充当精神领袖。一个"阴"，一个"阳"。

吴：所以，最佳拍档治理结构的卓越之处，就在于对传统组织关系的一种超越，这种超越就是脱离了对抗，达到了圆满。

创新其实只是
一种自然的结果，而非目的

吴： 我们现在喜欢喊口号，到处都是关于新经济和创新的话题，好像都是为了创新在努力。

李： 我也觉得创新很重要啊。

吴： 我想问的是，创新真的是可以追求的目标吗？

李： 您说的这个现象，也发生在我身边的许多朋友身上，现在许多总裁到处寻找"大师"就是证明。问题是，公司到底如何才能保持自己的创新能力呢？

吴： 我们还是看看最佳拍档治理结构的公司吧，看这种公司的创新能力如何，好不好？

李： 好的。

吴： 总裁配置副总裁，核心目的就是一个，解放自己去做更重要的工作。一个是人才的优化工作，一个是去外部接触各种关键人物。因为组织内部的日常工作有拍档跟进，所以，除了周一的例会之外，总裁完全可以解放自己，待在外部。

李： 嗯。

吴： 要知道，创新精神的基本前提就是洒脱。洒脱不是无所事事，而是自由地思考一些事情。一个总是忙于眼前事情的总裁，哪有时间去思考公司的长远问题呢？

李： 确实。

吴： 另外，人才的优化工作必须专职，因为这是一件非常耗时的工作。许多总裁总是抱怨人才难找，其实一旦与之沟通，就会发现，这些总裁竟然将人才的寻找工作委托给人力资源部。公司在发展过程中，除非规模已经非常庞大，否则，许多岗位都必须靠总裁自己去找啊。

李：哪些岗位需要总裁自己出面呢？

吴：至少总裁的直接下属、总裁的拍档们，都应该由总裁把控。而且寻找人才的最佳办法是定向猎头，一些人才需要跟进几年才能到位。

李：我理解了，人才的工作太重要了，如果没有拍档，总裁哪有时间去关注人才的事情啊。

吴：如果没有拍档，总裁忙了里面，就没有时间在外面寻找人才。我很喜欢的一句话就是："世界上最伟大的事业，都是在旷野上干出来的。"而总裁就是旷野上的那个人。

李：您说得很形象啊。

吴：我们平常总说人才重要，但都是嘴巴说说而已，其实很少花时间在上面。

李：看来，只有最佳拍档治理结构，才能平衡公司的内外部啊。

吴：有一本书叫做《创新的先知》，您看过没有？

李：没有。这是一本什么样的书？

吴：这本书是熊彼特的传记，熊彼特是一位非常关注企业家创新精神的经济学家。这本书的序言很有意思，序言的开篇提到，熊彼特印证了法国社会学家菲茨杰拉德对一流聪明才智的检验，即拥有"头脑中同时持有两种相反的观点，思维仍然很活跃"的能力。这里的"相反"，其实就是圆满。最佳拍档，就是一种典型的圆满的思想啊。

外企的数字文化

吴：今天我们谈谈关于外企的话题吧。

李：好啊。

吴：我关注的，主要是外企的营销领域。因为我觉得营销像一面镜子，能够看到更多的组织特质。

李：嗯。

吴：外企在中国的营销队伍，具有非常明显的特点，这个特点就是对数字格外关注。

李：什么数字？是销售业绩吗？

吴：对。外企里面流行一句话，就是"没有数字，就没有尊严"。如果一个人应聘外企的销售职位，他一定会发现，再也没有比外企更实际的了，只问你能马上带来的数字，其他根本就不太关注。

李：这样也太短视了吧。

吴：没这么简单。反观国内公司，我常常发现许多总裁很喜欢员工的各种反映。如果哪位员工能对公司的管理提点建议，总裁一定会喜出望外。而且，许多公司的跨部门会议，只花很少的时间关注数字，绝大部分时间都不知道在谈论什么，会议更多地是流于形式。

李：是啊。我的公司过去也一直是这样。

吴：我给您讲一件我在外企时发生的事情，那时我是华南区的一名省级销售经理。一次公司中国区的总经理来广州，我就抓住机会跟他谈我对公司的一些提议。您知道这位总经理是怎么回应我的吗？

李：如果是我，至少要听听你想说的。

吴：恰恰相反，总经理把脸一沉，厉声说："小吴，你知道你的本职工作是什么吗？公司的管理问题还有你的上司，是由你来评价的吗？"

李：这样也太独裁了吧！

吴：我当时也是这么想的，当时真后悔到这个公司来。但没过多久，我就明白了外企的组织分工特点。营销部门的会议主题只有两个字——数字。有一次，我和外企的同事谈起那件事，同事的反馈更让我吃惊！

李：哦？

吴：我的同事对我说："这算什么，大家都知道，只要你完成数字，你就是当着面骂总经理的娘，他都不会责怪你！"

李：对数字的追求到这个程度，也太没人情了！

吴：这就是外企。营销队伍的职责就是两个字——数字！外企营销队伍的谈话主题，也只有两个字——数字！我的一位同事曾经在国内知名企业里任职副总裁，后来有机会去一家大型外企担任事业部总裁，您知道他去外企半年后的变化吗？

李总：应该也变成了数字的"奴隶"了吧？

吴：是啊。这位总裁说，以前在国内公司里面，还可以经常与大老板谈谈公司的战略问题。而到了外企，位置也算比较高的了，结果发现这里根本就没有任何数字以外的话题。他夸张地说，到外企半年，连睡觉想到的都是数字啊。

李：能否这样设想，在最佳拍档结构的公司里面，总裁与营销体系的谈话内容，应该尽量限定在数字的世界？

吴：不愧是李总，一听就会应用！确实，总裁为何要配备营销副总裁呢？就是为了让营销副总裁完成营销任务。

李：我现在明白劳动分工的重要性了。

吴：SBU 头的岗位，不是什么管理岗位，公司根本就没有"中层管理"的说法，SBU 头的岗位性质是专才。

李：这个我们之前已经论证过了。

吴：在这方面，华为是国内公司当之无愧的标杆。

李：怎么说？

吴： 还记得关于华为的经典故事吗？华为的一个新员工，就公司的经营战略问题，写了一封"万言书"给任正非。任批复："此人如果有精神病，建议送医院治疗；如果没病，建议辞退。"

李： 要是我以前看到这个故事，一定会讥笑任正非的独裁。

吴： 您现在能够明白普通员工谈管理的弊端了吧？管理不是用来谈的，公司其实是由一个个任务构成，谈话的内容应该围绕任务。

李： 是的，公司内部只有 SBU 头的操盘以及拍档的 review，其他都是外部的战略资源输入。

吴： 外部就是总裁的"旷野"。

李： 而伟大的事业都是在旷野上干出来的！

吴： 没错！

李： 我终于明白了，最佳拍档的分工模式，其实还结合了亚当·斯密的劳动分工原理啊。

吴： 您现在知道应该与营销部门的人谈什么话题了吧？

数字的陷阱

李：记得上次我们聊到外企的数字文化，我总觉得意犹未尽啊。

吴：说说您最大的收获吧。

李：给我最大的启发应该是这一条，营销部门的天职就是完成数字。为了做到这一点，总裁一定要学会引导与营销队伍的沟通主题，即一切要围绕数字、项目、订单等。

吴：其实，这种做法背后的原理，就是亚当·斯密的专业化分工。为何总裁要配备副总裁呢？为何营销部门的一切沟通主题都要围绕数字呢？一切都是因为专业化分工啊。

李：不过我也听一些朋友说，外企并非什么都好，很多外企的政治斗争也很厉害啊。甚至越大的外企，政治斗争越激烈。这又怎么解释呢？

吴：今天我正想与您沟通这方面的事情，老子不是说"有无相生，难易相成，长短相形，高下相盈，音声相合，前后相随"吗？能从正反两方面去理解一件事情，才能有更全面的认识啊。

李：赞同。

吴：先说说外企通常的组织架构，一般外企都是亚太区设一个总裁，下面再设一个中国区总裁。当然，有一些大外企则是平台总裁和COO分开，也就是说平台总裁并不涉足具体业务，仅仅是媒体发言人和行政平台角色，COO才是业务线。简便起见，这里以第一种情况来讲解。我们假设，某总裁全权负责中国区的业务，而亚太区的领导并不涉足中国区的具体事务。

李：也就是说，这里没有拍档关系，亚太区和中国区总裁的关系，只有数字。

吴：如果一个人上任中国区总裁这个位置，他会怎么做呢？要知道，外企的数字目标每年都是上升的，几乎所有的外企总裁上任后，都会发现，公司下达的数字目标是非常具有挑战性的！

李：我想这位总裁的待遇也非常高吧。

吴：当然，外企不仅仅是总裁工资高，普通员工的工资也相当可观。一个一线销售人员的月薪3万元以上都很正常。为了完成上面下达的数字目标，外企的中国区总裁一般有两种做法。

李：哪两种做法？

吴：一种当然是"坑蒙拐骗"，另一种就是兢兢业业地工作。您觉得那种情况好呢？

李：这还用问，当然是后一种了！

吴：没这么简单。如果我告诉您，不管是前一种还是后一种，结局都一样，即两种做法的总裁都是"短命鬼"，您相信吗？

李："坑蒙拐骗"倒容易理解，譬如用故事在渠道压货，这种事这些年时有发生。但是后一种也有很大问题，我就不理解了。

吴：我们现在就以后一种总裁的视角来展开他的命运之旅吧。总裁一上台，除非能马上带来大量的骨干，否则只能关注那些能带来数字的员工。

李：他也只能这样啊。

吴：总裁一旦把大部分时间都投入到数字身上，就会导致几个结果。

李：就像我们之前聊过的，许多老道的业务员就会把项目变成"内部的人民币"，想办法尽早让总裁出面。这样，总裁就被"绑架"了，被牵着到处走。

吴：现实情况确实是这样。许多总裁不但醒悟不过来，还以为谁能带自己拜访客户高层，谁才是业务骨干呢。这会产生一种严重的管理问题。

李：什么问题？

吴：譬如华南的大区总监能力弱，而他下面的某个业务员属于能力强、攻击性也厉害的那种一线销售，这样，总裁很可能就会容忍一线销售人员越权直接找自己拜访他区域里客户的高层。

李：这样，在数字的压力下，对于弱的大区，整个队伍的层级就消失了。这样，总裁不是更累吗？

吴：当然。有意思的是，总裁明明知道大区总监能力弱，但是根本没精力来考虑这件事。大区总监这个时候会怎么做呢？这些岗位的人去外企已经很多年了，知道只要自己的位置稳固，拿着高薪又不用干活，多好。这个时候，一个"混混"就出来了。怎么混？就是到处说自己下属的好话，对总裁也毕恭毕敬，一切都是求个平安。

李：太可怕了，总裁如果变成超级业务员，他忙得过来吗？

吴：这就是后一种总裁的命运。如此大的数字压力，没有层级管理，怎么可能完成得了？

总裁如何逃避外企数字的奴役？

李：上次聊到的外企那位老黄牛总裁的命运，真让人心惊胆战啊！

吴：所以，圆满的世界观，就像是上帝的眼睛，而"最佳拍档"的理念就是这样一种世界观。

李：我明白了，这位总裁要逃脱数字的奴役，一定要从拍档的构建入手。您不是说过在外企见过这样的拍档构建过程吗？能否举例讲解一下？

吴：这正是我今天想跟您聊的话题。我就暂且不说这家公司的名字，先说说这家公司在最佳拍档的治理结构下，它的几个特点吧。

李：它的行业地位一定很高吧？

吴：对，卓越的公司凭什么卓越呢？这家公司就是典型的隐形冠军。因为行业特性的缘故，这家公司并不为许多人知晓，但在行业里面，那可是大名鼎鼎。

李：愿闻其详。

吴：这家公司的市场占有率将近50%，中国区总裁的几个拍档，譬如技术副总裁、销售副总裁，加上5个以上的大区总监、3个全国总代、6家以上的核心代理，连续10年都没有更换过！

李：这么稳定，简直是超过国有企业啊！

吴：我再说说这家公司每年完成的数字情况，这家公司竟然连续10年保持了30%的复合增长。连续10年啊！

李：这也太强了！

吴：这家公司是如何做到这一点的呢？做法其实很简单。总裁上任时，他先是引进了3个成员，要求HR部门用尽一切办法，把行业内最资深的技术牛人挖过来担任技术副总裁，自己同时带过来两个业务能力很强的大区总监。这样，这位总裁就保证了自己在上任伊始的成绩单。

李： 这是一个很好的策略。空降到一个组织，马上做出成绩，才可能有后面的变革。而且 3 个成员的引进也不过分，这些都是必需的。

吴： 这里我解释一下为什么要带两个大区总监过去。一个大区总监在总部，直接跟随总裁，一个则安置在区域，这样，就能实现总部和异地区域的上下呼应效果。

李： 理解了。那么第二步呢？

吴： 两个大区总监，加上行业技术权威加盟，为上任之初的业绩打下了坚实的基础。有了前期的漂亮数字，就为第二步引进关键成员提供了足够的理由。接下来自然就是物色自己的拍档。

李： 这位总裁真是管理高手啊。

吴： 是啊，您知道这位总裁最喜欢说的词是什么吗？三个字："领导力！"我与之相处很久之后，直到看清楚他的拍档治理结构，才明白这三个字的内涵。

李： 他是如何找到拍档的呢？拍档的标准又是什么呢？

吴： 我一直有一个观点，一个人如果通晓实践的艺术，那他可以有两个选择：如果他仅仅通晓实践的艺术，可以充当"先知"；如果他还有足够的战略资源，则应该担当企业家角色。这位总裁能带两个能力出众的大区总监过去，就已经证明了这位总裁的人才储备能力。后面您还会发现，这位总裁的人才储备远远不止这些啊。

李： 这个故事倒是给我很多启发，战略管理绝不仅仅是一种理念。

吴： 就像现在大学的创业大赛，许多人理解的创业就是一页 A4 纸的商业计划书。其实，创业的核心不是这些，而是创业者手上掌握的资源！资源才能创造需求，而非一张写满理念的计划书。我们还是回到这位总裁的第二步吧。

李： 我也正想问他第二步又有哪些精彩的动作呢。

吴： 他其中的一位拍档当时是一家国有中型企业的总经理，这家企业年营业额可是 30 亿元人民币啊。而这位总裁硬是说服了这位总经理，让他放弃了自己的岗位"下海"了！

李：当时这家外企在中国的营业额是多少呢？

吴：应该不足 1 亿元吧。

李：真是奇啊，他是怎么说服那位总经理的呢？

吴：我想，对于一个真正以圆满为标准指导自己的领袖级人物，这个不是关键，也许是他的个人魅力，也许是他平时就已经种下因缘。不管怎样，这位拍档真的到位了，担任销售副总裁，甘愿充当总裁的拍档角色，协助总裁承担几个大区的日常管理工作。

李：拍档到位之后，总裁就解放了。

吴：接着就有了后来的故事。3 家总代陆续加盟，6 家核心代理也逐步被吸引过来，这就是这家外企在中国的传奇故事。

李：这个故事太吸引人了，也太有启发了！不过，我还是有一个问题，这家外企又是如何维持与总代的关系呢？要知道，能做到 10 年的稳定关系，真是太不容易了。

吴：这中间的学问就太大了。我只告诉您一件事，就能明白总裁解放之后干什么了。这位总裁要求全国 3 家总代的总经理每周五到北京总部一聚，后来不少核心代理商的总经理也经常参与这个活动。

李：这位总裁是如何做到的呢？渠道不是厂家的客户吗？

吴：哦？谁说渠道就是甲方？其实如果厂商拥有强势品牌，就能做到在渠道体系中厂家才是甲方。千万注意，这家公司的总代能如此忠诚地跟随，首要的还是这家外企的价值输送能力。

李：怎么说？

吴：当然还是由于最佳拍档治理结构的缘故啊。没有拍档，总裁就不可能解放，总裁没解放，就不可能打造一支战斗力特别强的营销队伍。注意，这支队伍的骨干，可个个都是强将啊。在最佳拍档治理结构的公司里，弱将根本就没有混的机会。

李：通过这个案例，我对拍档的角色理解更加深入了。

吴：我们还可以强调一点，这位国企的总经理为何愿意加盟这家外企呢？核心是最佳拍档的治理结构解放了人的灵魂啊。难道不是吗？正因为过来后不会感觉是总裁的下属，才让这位国企总经理动心啊。

李：这才是最佳拍档的精髓啊！

拍档到位的前后变化

李：先生，听了那位外企总裁的故事，给了我很大的启发。不过，我还是想问问，拍档来了之后，这位总裁应该在"旷野"里干些什么事情呢？

吴：这是个好问题。您想，这位总裁来公司的时候，一是挖来了行业最权威的技术人员，充当公司的技术副总裁角色，而且一开始就带来了两个出色的 SBU 头。

李：这个说过了。

吴：要知道，全国还有很多的空白区域，空白区域的 SBU 头哪里来？

李：可以找猎头啊。

吴：有那么简单吗？还有，好的渠道从哪里来，都要找是不是？

李：这么说，拍档到位后，总裁的核心工作就是关键战略资源的寻找和布局。

吴：这个资源，常常就是一些关键人物。

李：很有道理。

吴：联想一下前面提到的那位老黄牛总裁吧，因为天天自己充当超级业务员，连一线业务员都能带他见这个见那个，他的宝贵时间就这样被浪费掉了。

李：他其实已经成为了数字的奴隶。

吴：一个人的精力终究有限，一旦数字的压力远远超过他的承受能力，则终将崩盘！

李：如何解决这个问题呢？

吴：李总这是明知故问啊，好吧，我就帮您温习温习。其实，大型外企的政治斗争再厉害，还是会有部分优秀的 SBU 头留下来。其实，一个好的 SBU 头，稍微训练一下，就能充当好营销副总裁的角色。现在，轮到我来考一下李总，一个好的 SBU 头如果提升为营销副总裁的角色，最大的转变应该是什么呢？

李：我想想，核心就是两条：一是排查，一是不指挥。SBU 头平时最大的特征就是指挥人，而上升到营销副总裁就必须戒掉指挥的瘾！

吴：我补充一点，还要戒掉偷懒的毛病。

李：哦？怎么说？

吴：因为 SBU 头常常处在"山高皇帝远"的地方，偷懒是正常的啊。但是担任营销副总裁后，则需要排查许多 SBU 头，时刻高速运转就显得异常重要了。

李：精辟！

吴：那位老黄牛总裁应该做的是，从 SBU 头中暂时提拔一位充当自己的拍档，自己必须马上解放，去物色好的 SBU 头、好的渠道加盟。

李：不错，这些工作耗时也是无穷无尽的啊。

什么叫真正的共同体？

吴：今天我们谈谈最佳拍档模式中的薪酬问题如何？

李：我正想问这方面的问题呢！

吴：您觉得中国公司的劳资关系算契约经济吗？

李：当然算啊，我们不是有《劳动法》吗？

吴：那您觉得中国公司的工资合理吗？

李：这个怎么好评价呢？

吴：这就是关键所在。要知道，契约经济的前提是双方的平等和自愿，而要做到这一点，靠权威不可能得到解决。

李：这一点我倒很少去思考，以为只要有合同，就是契约经济哩。

吴：李总，我问您，如果一个员工一旦做出一点成绩就要求您加薪升职，您会怎么样？

李：我最不喜欢的就是这种员工。

吴：我们中国公司的总裁，往往希望员工"先做再分"。而且"分"的时候根本不需要员工去要，因为总裁常常会给他远远超出他期望的。

李：是啊，我最喜欢的就是这种员工。

吴：不过，总裁的这种愿望是很难得到满足的。尤其是80后、90后的员工，根本不会理解这一点，一不如意就会提出辞职。现在招人的难度是越来越大了。

李：是啊，这才是我最最苦恼的地方。最让我睡不着觉的就是人的问题。

吴：所以，我们首先要认清这个问题的本质。其实，拿我们员工的工资水平对照现在的物价，很显然，我们的工资水平是不合理的，而且中国目前的竞争能力，很大程度靠的就是人口红利。这说明了什么呢？说明了我们的劳资关系本质上并非契约经济啊。

李：这一点，我们作为企业家也没有办法，因为公司的毛利空间本身就很有限啊。

吴：我们这里不谈公司的整体薪酬结构，重点谈谈拍档的薪酬问题。对于拍档的薪酬，一定不能按照规定的薪酬来支付，如果条件允许，一定要通过其他方式来弥补。我知道不少多股东的公司里面，一切都需要摆在台面上，这种透明的薪酬方式，与拍档制的薪酬原理相差很远啊。

李：拍档制的薪酬原理又是什么呢？

吴：很简单，就是"先和后分"。副总裁台面上的薪酬因为公司的制度不可能很高，但是只要他承担了拍档的角色，总裁就一定要尽力弥补。拍档和总裁是"阴阳"的关系，拍档的贡献不仅仅是承担了内部的在场职能，更有解放总裁的功劳。

李：这个我绝对认同。就像前面那个案例，那位国有企业的总经理加盟外企担当总裁的拍档，薪酬应该与总裁相差无几啊。

吴：我有一个观点，一个拍档如果能与总裁相处 8 年以上，拍档的生活和财富水准，至少应该与总裁相当。

李：先生这么说，我已经基本理解了拍档制的薪酬原则，即先达到目标，再谈论分。而且这个分，应该由总裁主动负责，分是总裁的责任。

吴：是的，"先和后分"就是共同体的原则。李总知道日本的终身制薪酬模式的本质是什么吗？

李总：拍档制的薪酬原理与日本的终身制薪酬模式有关系吗？

吴：日本的终身制薪酬模式是这样的，平时的工资不高，但是退休的时候，有很高的退休金。我记得 2008 年在日本商务考察时，一位在日本已经生活了十几年的同胞告诉我，日本公司最低级别的员工在退休的时候，都可以一次性拿到合 200 万人民币退休金！

李：所以说，日本的终身制，就是典型的共同体。

吴：这就是日本式管理的厉害之处。我们能做到拍档的共同体模式就已经很了不起了，而日本竟然可以说服全体员工实现企业共同体原则。

李：您这么一说，我才明白了日本终身制的本质原来是它背后的薪酬原理啊。

吴：关于共同体，我还可以举江浙人的例子。几年前，江浙人在经营公司时，还有过一年给员工只发一次工资的情况，江浙人在这方面有许多创新的地方。

李：一年只发一次工资？

吴：举个我 EMBA 同学的例子吧，他的公司下面有 6 个销售事业部，分设 6 个总监负责。您知道他们的薪酬结构是怎么样的吗？他们每人年薪 20 万人民币，平时只发月薪 3000 元，其他都是年底才发。平时如果缺钱，只能由总监的太太打电话向总裁借。

李：哈哈，江浙的公司原来对共同体的理解这么深啊！难怪说江浙商人是中国商业的常青树啊。

吴：这不算什么，在以后的交流中，我还会谈起江浙商人别的独到之处呢。

最佳拍档和内心的声音

吴：李总，我们今天进一步展开人力资源管理的话题如何？

李：好啊。丰田公司的人力资源管理理念中，重要的一条就是"人孤独的时候，最容易犯错误"。

吴：其实，生活中有许多例子可以解释这个现象。譬如，突然接到父母的关怀电话，作为儿女，接到了这样的电话之后，其心情如何？

李：当然很甜蜜啊。

吴：哈哈，如果是恋爱中的女友打来的思念电话，男友放下电话时，是什么心情呢？

李：当然是汹涌澎湃啦，会感觉接下来的时间过得飞快。

吴：所以，如果我们观察仔细，就会发现，人与人沟通之后，常常会情绪高涨。这就是关注的力量。

李：确实。我也听说过一个科学研究，说人死的时候，根本不会想到财富、仇恨或抱怨，想到的只有最亲近的人，也就是说只有关系。

吴：这里我们可以联想一下最佳拍档治理结构的公司，其队伍的士气如何呢？

李：当然是士气高涨啊。

吴：不错，因为这样的公司，总裁和副总裁的声音常常会在 SBU 队伍中荡漾。这种荡漾，必然会激发 SBU 队伍的狼性。

李：确实。这种声音不会引起员工的怨恨，因为他们只是被纯粹地关注，并不是被指挥。

吴：这就是关键所在。

李：我明白了，这才是组织中激情的源泉。

吴：一般的组织，SBU 头们也会听到总部高管的声音，不过，这些声音都是负面的责问，还有各种指挥的声音。这类负面的责问，可以定义为"为什么连这个都不会做呢"，可这并不是从士气的角度去沟通。

李：何为"从士气的角度去沟通"？

吴：士气不就是做事的决心、做事的精神状态吗？员工只有一个问题，那就是是否努力、是否勤奋，对不对？

李：是的。

吴：所以，SBU 头的业绩不好，根本就不存在"为什么连这个都做不好"的问题，只有"上周到底在干什么"的问题。

李：我记得曾经与先生聊到过，最佳拍档治理结构下的公司高层在排查 SBU 头的时候，只问一个问题："你在哪里？"

吴：一个人如果内心的声音总是自我，则很难激发出斗志，也很难激发出善。离开了所有的"他者"，则连"我"都不会存在，只有纯粹的动物性的我存在而已。

李：什么叫"纯粹的动物性的我"呢？

吴：就是情欲和物欲。

李：明白了。那"他者"又是什么意思？

吴：至少有两层意思：一、人的目标，哪怕是自己制定的个人目标，也是出自于对某些人的爱；二、这里的"他"，也包含了宗教里的神、缘或道。

李：难道还包括神吗？

吴：当然。许多宗教不是都强调祈祷吗？祈祷不就是与神对话吗？这个对话，就是让神的声音在内心升起，这常常会给人带来很大的力量和激情。

李：看来，拥有信仰的人从来都不会孤独。

吴：也可以说，拥有信仰的人，人性会显得更加丰满，因为容易逃脱动物本性的控制。

李：那么，作为总部的高管，该如何控制自己的声音呢？

吴：既然一个人的声音在对方的内心里回荡，是一个人的激情所在，则最佳拍档一定要学会思考，自己应该发出什么声音呢？

李：看来并非说得越多越好，自己说的能在对方的内心持续回荡才是关键。

吴：李总认为什么样的声音最能持久地在对方的心里回荡呢？

李：应该是两个极端吧，一个是最恶毒的诅咒，一个是最积极的鼓励和认同。

吴：李总认为这两个极端谁更持久呢？

李：应该差不多吧。

吴：还记得一句谚语吗？"人之将死，其言也善"啊！许多从死亡边缘回来的人也证明了这个观点。可见，鼓励和认同才是最持久的啊。

李：难道批评的方式都不能用了吗？

吴：问得好。鼓励和认同，难道就不能用批评的方式讲出来吗？我在 Polycom 公司的时候，总裁就很会掌握自己的声音，虽然是批评，但用的永远是认同的方式。批评和认同在那里，永远不矛盾。

李：请先生赶快说来听听。

吴：在那里，总裁批评人时，表情非常严肃，声音也很高，中气也很足。

李：到底是怎么说的呢？

吴：这位总裁经常说："现在全国都一片大好，就是你们华东拖后腿了。你们这些年轻人，这么有才华，这么聪明，难道就愿意这样吗？年轻人应该活出精气神来，完全可以做得更好！"

李：这不就是说，人只要勤奋，就可以做得更好嘛。

吴：是的。但是，如果总裁把努力、勤奋挂在嘴边，容易让员工感觉到"剥削"的味道啊。您知道吗，这位总裁还有更绝的呢！

李：哦？

吴：这位总裁经常会对业绩和士气好的区域说："大家工作的时候，一定要注意身体，不要经常加班，公司不主张加班，加班是没有效率的表现。"

李：真是好笑，一面要大家提起精气神，一面又不让大家加班，这是什么逻辑？

吴：难道李总没有体会到其中的奥妙吗？加班可能仅仅是专心但不用心，甚至可能是做表面文章。专心就是一门心思做当下的事情，用心就是开动脑筋。专心可能是出于别人的驱动，而用心则是完全把事情当做自己的事来处理。

李：我明白了，这位总裁其实是用最浅显的话语，说明了专心和用心的道理。

吴：提起精气神，就是强调专心；不要加班，注意身体，就是强调用心啊。

李：这种批评的声音，为何能持久呢？

吴：这就是我自己的深刻体会。如果某个人说你"连这样的事情都不会做啊"，就是不认同你。而人是会随着时间成长的，所以，几年过后，你会把这种人的声音抛到九霄云外。而 Polycom 总裁的批评，你过了许多年还会记得，因为他不断在强调"你们这么年轻，这么聪明，这么满腹才华……"。年轻可能随着时间变了，但他从来都是认同你聪明，认同你满腹才华的啊。

李：原来如此。

吴：一个人不断说你行，而且是一个非常卓越的组织的总裁说的，这种话语是多么给人力量啊！这就是认同的批评的力量。

李：真让我深受启发。

吴：现在明白什么才叫得人心了吧？让自己的声音在另一个人的内心持久荡漾，这才是王道！

李：一个公司，只有采用最佳拍档的治理结构，才能让领袖的声音时刻回荡在组织的各个角落，这就是士气的秘密。

吴：Bingo！

"宰相" 一定要有人事权吗？

吴：我经常听到一种抱怨，说是总裁把副总裁的人事权完全剥夺了。

李：这种抱怨，常常是副总裁发出的。不过我也纳闷，许多咨询公司也鼓吹总裁应该给副总裁部分人事权。

吴：关键是，我们平常理解的"人事权"到底是什么意思呢？

李：当然就是人的进出，还有晋级或降级了。

吴：这就像我曾经说的，许多人对权力和权威不分。同样，许多人对人事权中的进和出的重要性也从来不加区别啊。

李：进和出的重要性难道还有不同？

吴：当然有很大的不同。进是一切的起点。管理只有一个问题，即"保持队伍的高效运转"。如果公司已经搭建了这样的机制，剩下的问题就是招聘了，对不对？

李：这一点，我们之前已经讨论过了。

吴：现在的问题是，总裁应该给副总裁什么样的人事权呢？如果我们把人事权分为招聘权和用人权，那副总裁掌握的应该是哪个？

李：我想，无论是用人权还是招聘权，都应该有一部分吧。

吴：如果您是这么想的，那说明李总脑子里还是有一种思想在作怪。

李：什么思想？

吴：当然就是"副总裁是总裁的下属"啊！总裁和副总裁的关系本质是拍档，而非上下级。也就是说，SBU 头们，是总裁和副总裁的共同下属。拍档关系就是"你中有我，我中有你"的关系，对不对？

李：是啊。

吴：关键是什么是"你中有我，我中有你"呢？要做到这一点，就是要跳出机械性的分工啊。

李：到底如何才能跳出机械性的分工呢？

吴：一个最简单的办法就是——人进，总裁说了算；人出，副总裁有自由裁量权；公开表彰人，总裁说了算；私下表彰人，副总裁也有自由裁量权。

李：这种分工，就是典型的"你中有我，我中有你"的分工模式啊。

吴：现在明白了吧？不是副总裁一定要部分人事权，副总裁要什么样的人事权才是关键。

谁才是企业中"最伟大的教育家"？

吴：李总，还记得我们谈过的"只关注不指挥"吧。

李：何止记得，简直就是终生难忘啊。

吴：从 3 岁前孩子的教育就能发现，教育的本质就是只关注不指挥。这个关注，是持续关注，是每天的全过程关注。

李：这样说来，教育确实是一件耗时耗精力的事情。

吴：为何 3 岁前的孩子总是那么聪明？想想我们投入了多少精力吧！

李：所以，在孩子 3 岁之前，我们能真正做到全天关注，而 3 岁之后，这种环境几乎就不存在了。

吴：孩子一进入学校，班上至少几十位同学，哪还谈得上被全天关注呢？

李：教育要做到一对一全天关注，简直就不太可能啊。

吴：我们不是说"十年树木，百年树人"吗？人的教育、队伍的建设，最关键的就是这个持续关注。

李：有道理。

吴：总裁拍档的核心职责就是"只关注不指挥"，这与教育会有什么联系呢？

李：我明白了，因为总裁的拍档主要的作用就是在场，而总裁常常是"神龙见首不见尾"，所以，真正持续关注 SBU 头的，就是总裁的拍档。

吴：如此说来，总裁的拍档不就是企业中最伟大的教育家吗？

李：原来如此。

吴：另外，总裁和其拍档常常是终身制关系。这又意味着什么呢？这不就符合百年树人的原则了吗？

李：因为拍档关系的稳定，而且核心职责就是"只关注不指挥"，这样，总裁拍档这个职位，几乎所有的工作内容就是教育啊。

吴：这就是为何在最佳拍档治理结构的公司中，SBU头们常常非常优秀。

"辞退"员工只有一种方式是正确的

吴：李总，您公司如果想辞退一个员工，有几种方式？

李：这真是一个伤心的话题，辞退员工，是一件不好处理的事情。我一般就是直接找对方谈，告诉他辞退的原因，对方一般都会友好地离开。

吴：您一般是在什么情况下辞退员工呢？

李：我一般是在忍无可忍的情况下才会提出辞退，谁愿意随便辞退一个员工啊。

吴：那这个"忍无可忍"是以什么为标准的呢？

李：这个哪有什么标准呢！总之就是感觉不好，譬如工作效率极低、销售业绩差等。

吴：我见过不少总裁，常常用冷处理的方式来逼员工提出辞职，李总也会用到吗？

李：说到这个，还真不好意思。因为这些年许多朋友到公司任过职，时间稍长就发现朋友并不适合。这个时候总感觉不好当面提，结果就只好用"冷处理"的方法了。

吴：李总难道就没有感觉到，冷处理的方法其实对人的伤害更深？

李：是呀，我当时以为，既然是朋友，冷处理会照顾到对方的面子，结果适得其反，竟然引起了很大的误会。朋友离开公司后，感情就变得远不如以前了。我现在对朋友，基本上不敢轻谈加盟共事之类的事情了。

吴：您知道在最佳拍档治理结构的公司里，是如何辞退员工的吗？

李：一定有不同的方法吧？

吴：在这类公司，辞退人只有一种方法。不仅如此，在这类公司，辞退人简直就是喜事，是一种庆祝。

李：怎么会？对于进来的人可能是喜事，对于出去的人怎么可能是喜事呢？

吴：在这类公司，员工要离开都只有一种情况，那就是"被盯走"的。

李：被盯走的？啥意思？

吴：我们之前不是说过，总裁拍档的核心职责就是 review，就是"只关注不指挥"，就是勤奋，就是不下战场。在这样的环境下，SBU 头们只能高效运转，对不对？

李：是啊。

吴：这样的公司，总部不会用冷处理的方法，也不会用"能力不符合要求"这种理由来辞退员工。员工离职，基本上只有一种情况，那就是因为适应不了这里的高节奏工作而主动离职。

李：能否举个例子说明一下？

吴：先举一个海尔的例子吧。当年我进海尔时，一起进的大概有十几个人吧，您知道第一个月我们是如何度过的吗？

李：一定有很大的压力吧，我知道海尔的工作压力很大的。

吴：第一个月是新员工培训月，每天 8：30 到公司，白天蹲商场，晚上 18：30 回公司开"日清"会议，然后培训到 22：00，每天如此，没有周末。因为周末还要蹲商场与促销员一起卖东西，这在海尔里面叫"周末帮促"。

李：简直就是连轴转啊！

吴：那一个月，综合部专门指定了一个人来带我们，简直就是没日没夜地关注我们，盯得我们没有任何私人空间。很奇怪的是，我在那里感觉很舒服，后来我才明白其中的奥妙。

李：先生不说我也知道，就是"只关注不指挥"吧。

吴：海尔有句名言，叫做"赛马不相马"，还有一句叫做"你有多大的能力，我有多大的舞台"。海尔从来没有什么观摩学习，只要你觉得行，就能获取相应的平台，一上来就让你上战场，根本就不用坐冷板凳观摩几个月。

李：第一个月培训下来，留下了几个?

吴：第一个月下来，就有3个人悄无声息地走了。大概又过了两个月时间，就只剩下了6个了。在那样的环境下，只要一年，每个留下来的人都会脱胎换骨啊。

李：看来，在高度关注的机制里面，人很容易展现出自己的抗压能力，也能彰显个人的性格倾向。

吴：您说得很对，简直是忙得连找工作的时间都没有啊。所以，只要坚持半年下来，就会习惯这种工作节奏了，想停都停不下来。

李：难怪海尔的管理备受推崇啊。

吴：好多年后，我再一次进入最佳拍档治理结构的公司里才恍然大悟，明白了"只关注不指挥"的公司根本就不用辞退员工，员工都是"被盯走"的，都是员工一方知难而退的，公司根本就不需要主动去辞退一个员工。不指挥就是信任，因关注而离开，常常就是自己不再想过这样快节奏的生活。一个被信任的人主动离职，他当然会对公司充满感激，所以，一个身处重要岗位的人离开公司，公司都会举办欢送会，员工对公司全是感激之情。

李：这完全是不同的管理境界啊!

销售挂帅的深渊

吴：李总认为，一个项目中的销售经理、实施经理和售前经理，其提成的高低排序应该是怎样的？

李：我想，应该是销售经理第一，售前经理第二，实施经理第三吧。

吴：为何？

李：因为销售才是最重要的。没有销售，就没有订单；没有订单，谈何实施。

吴：难道销售经理拿下一个订单，与实施经理没有关系？

李：有关系吗？如果说与售前经理有关我还认同，与实施经理有何关系呢？

吴：李总的逻辑中有一个很大的漏洞。

李：怎么说？

吴：对比一下 SAP 公司的做法吧。SAP 公司的排序与您的排序恰恰相反，他们是实施经理第一，售前经理第二，销售经理第三。

李：这也太独特了，难道销售不重要吗？

吴：销售当然重要，关键是如何理解这个问题。我们首先讨论一个问题，公司的利润到底是从哪里来的？

李：收入减成本不就是利润吗？

吴：哪有那么简单啊，如果按照这个逻辑，为何许多互联网公司长时间亏损，市值却很高呢？

李：这倒确实是事实。

吴：我们前面讨论过，公司的现金流才是第一位的，现金流对于一家公司来说至关重要。

李：这和我说的"销售挂帅"又有何联系呢？

吴：我举个例子，您就明白了。譬如一家公司有 10 个大客户，每年销售额 5000 万，每年盈利 300 万。这个时候，这个公司有两种做法，一种是常规的做法，进一步扩充销售队伍规模，以便获得更多大客户。

李：这不是很正常吗？

吴：先不着急，我再说第二种做法。第二种做法是找一个代理，把 10 个大客户交给代理来维护。

李：把自己的客户交给别人来维护？这不是把自己往火坑里推嘛！

吴：这要看这家公司具体怎么操作。这家公司每年可以赚 300 万，现在把 200 万让给代理去赚，自己只需要 100 万利润。

李：把 200 万给代理赚，这家公司不是疯了吗？

吴：别急，我不是说过现金流才是第一位的吗？这家公司这样做，就是遵循了现金流为王这个原则。让出了 200 万利润，其核心目的就是为了获取代理商的现金流啊！

李：我有点明白了。直销，一定有大量的应收账款，把销售交给代理，就可以规避这个风险。

吴：这只是其一，公司不但可以规避应收账款的风险，还可以要求代理商长期放一笔可观的现金在公司的账上。

李：这也算是一种"先打款、后发货"的做法吧。

吴：快餐业巨头麦当劳对加盟商的一个要求就是，先交 100 万，排队等候两年。

李：原来，现金流的运作有这么多的秘密。

吴：我们讲销售，总是说"客情关系"，也就是说最好把销售交给专业的渠道去做。把建立客情关系仅仅局限于"招人、培训、打单"这种做法，对于厂家而言，其实是不成立的。

李：这么一说，我总算明白其中的奥妙了。销售是一门客情关系的学问，应该交给专业的分销商来做，而厂家应该去做提高产品价值的事情。销售渠道和厂家的核心交换应该是：渠道通过销售的规模赚取部分利润，而厂家则通过销售渠道贡献的现金流来强化终端用户的价值。

吴：可见，品牌不是说出来的，而是做出来的。这中间的秘密，就是现金流和利润的逻辑关系，就是分销渠道和厂家的逻辑关系。

李：真是精辟！

篇 五

总裁的形而上

现金流对于企业来说至关重要，影响现金流的最直接因素就是周转率，而影响周转率的最关键因素，不是别的，就是人！只有人，才能让资源周转起来。

公司的两次创业，第一次是相对容易的，因为是总裁自己操盘，其他员工只是配合；而第二次创业，总裁要完成从操盘手向管理者的飞跃，这才是对总裁真正的考验。

什么叫做总裁？很简单，天天生活在总裁圈子里的人，就是总裁。

强势的公司、强势的品牌完全可以做到：厂商才是甲方，而渠道才是乙方！

高效的运转机制，可以将能力不足、有能力没动力的员工筛选出来，针对剩下的员工的培训才是有价值的，而无差别的培训往往是"冷水过鸭背"。

马尔萨斯和技术

李：先生，我想讨论一下关于总裁离开办公室应该干什么的问题。

吴：好，不过要谈论这个问题，我们应该把视野扩大，而不是纠缠于具体的事务。

李：就是说，我们会用"形而上"的方法？好啊。

吴：我问您，公司这种组织能诞生，其根源是什么？

李：这个……我从来没有想过。

吴：我换个方式来讨论这个问题。您知道马尔萨斯么？

李：马尔萨斯，不就是《人口论》的作者吗？

吴：作为企业家，我们必须对马氏以及后来克拉克的观点有清晰的认识。他们的观点其实很简单，就是在工业革命之前，人口的增长常常受到自然约束。工业革命之后，尤其是近代资本密集型的工厂制度产生之后，再加上科技农业的诞生，人口不再完全受制于自然生长率。如果没有近代科学，您和我可能都不会存在啊。

李：这个很容易理解。农业科技诞生之后，产量大幅增长，现在的人连让天下雨都可以做到啊。

吴：其实，我们观察中国的历史，自鸦片战争至今，我们可以发现一个非常清晰的路径，那就是权力因素在逐渐让步。让谁的步？就是让技术的步。

李：所以，必须高度关注技术这个要素。

吴：所以，邓小平提出的"改革开放"是一种极高的智慧啊！

李：也就是说，开放就是为了不与现代技术脱节。工业革命的直接推动力是技术，而技术是全球性的，它不可能仅仅靠一国的力量推进，因为技术和基础科学的突破绝不是一件容易的事情。如果一个国家闭关锁国，则很容易被世界抛弃。

吴：您解释得很到位，技术不仅仅是一种工具，更是一种世界观。公司的诞生，就是因为有技术的推动。所以，公司作为一种组织，必须具有一种力量，这种力量就是技术的推动力量。总裁必须解放，只有解放的总裁，才能为技术和产品化工作注入强大的力量。

李：从另一个角度讲，公司必须是全球化的，因为技术是全球化的。离开了技术，一个公司的命运就很难预测了。

吴：没错。所以，一个国家，只有开放才能有希望；一个公司，也是如此。商业模式的核心不是别的，而是技术。

李：那么，作为总裁，必须时刻关注技术的变化，照我看，总裁应该就是一家公司的"架构师"！

吴：谈到商业模式，看来还是李总最有发言权啊！

李：不过，这些与"最佳拍档"有关系吗？

吴：当然，总裁应该奔走在"旷野"上，在"旷野"上干什么呢？一个很重要的工作就是关注技术。但是这一切必须有一个前提，这个前提就是有充足的时间。

李：如果没有拍档，总裁根本就没有时间关注这些事情。

吴：对，这就是拍档的意义。总裁和副总裁形成拍档关系，绝对不是"1＋1"的关系，因为他们不是上下级，而是形成类似太极的圆满关系。

李：我现在理解了，除了营销之外，其实公司还有许多生死攸关的事情。我过去对公司的产品化工作的关注其实非常不够啊！

吴：总裁一定要花时间关注行业技术，花时间关注产品化或解决方案，其本质是关注技术。一些企业家以为公司大了，自己就没有必要花时间在产品的细节上。记得当年在海尔，有一句名言我至今都记忆犹新，这句话就是"不懂海尔的产品，就不懂海尔的文化"。

李：嗯，还有一个最具代表性的案例，就是乔布斯对产品的强烈关注。就是因为总裁的聚焦，才诞生了像 iPhone、iPad 这种风靡全球的产品。

一个技术的大变革时代即将到来

吴：现在炒得沸沸扬扬的云计算，您知道是什么东西吗？

李：不是很清楚，好像还有物联网什么的。我这些年被队伍建设的问题搞得焦头烂额，都懒得去关注技术的最新动态了。

吴：李总不是说过"总裁就是一个架构师"吗？怎么连这么重要的动态都不关注呢？

李：先生就不要揶揄我了啊。说实话，我最感兴趣的还是您提到的最佳拍档，您提到的管理和业务的那道界线。管理才是我的软肋！

吴：这样吧，我们今天还是接着聊技术的话题。不过，我们并非是为了聊技术而聊技术，我是想告诉您，未来几年，总裁的时间解放到底有多重要！

李：未来几年要发生什么大事情吗？

吴：一个新的技术大变革时代就要到来，您难道还不知道吗？

李：真是惭愧啊，连这么大的趋势我都没看出来，看来我已经落伍了。

吴：李总谦虚了，我只是因为身在高科技行业，能够更直观地感受到这个大变革时代的波浪而已。想想苹果的崛起吧，手机产业本来都与美国没有多大关系了，但是当手机产品的竞争基于芯片和操作系统的时候，主导权又重新回到了美国人手中。

李：确实是这样。

吴：其实，自互联网诞生，所有的公司都将互联网化，所有的硬件都将操作系统化，这个过程，也意味着财富的大转移！

李：是啊，新技术的出现，常常伴随着崭新的商业模式。

吴：譬如云计算，过去各个 IT 公司各自耕耘自己的田地，而今天却发现，所有的 IT 公司之间都将是竞争对手。为何？因为在云计算时代，各个 IT 公司将呈现相同的性质，即云运营商化，否则就只有被淘汰的命运！

李：这么严重啊！

吴：我们以计算机操作系统为例，来回顾技术的发展历史。直到 Windows 时代，技术的本质还是割裂的，技术还只是作为一个经营要素独立存在。但是，到了云计算和物联网的时代，公司将不再购买软件，只是按租赁的方式消费软件。

李：用租赁的方式购买软件？这不意味着连机房都不需要投资了吗！

吴：这就是我们国家正在大力发展云计算的目的。如果云计算我们落伍了，意味着将来的公司都是基于别的国家的云平台在运营啊！也就是说，我们的经济，其实是在为别的国家打工。

李：云计算都已经上升到了国家战略了？

吴：未来几年，技术的大变革还远不止如此！

李：还有什么？

吴：那就是物联网引起的变革。未来主导操作系统的不再是第三方 IT 公司，而是公司自己。熟悉操作系统，将是一个组织必须具备的能力！

李：未来的组织，必须自己主导操作系统？这个怎么理解？

吴：想像一下吧，当你的手表，家里的门锁、冰箱、洗衣机、电饭锅、空调都装上了操作系统，那会是一个怎样的世界？

李：这是否意味着，未来的产品设计，离开了操作系统，就会被视为老古董？

吴：没错，这就像在汽车时代，我们还在造马车一样可笑。听说，基于操作系统的手表和门锁已经上市。

李：物联网的世纪已经到来了吗？

吴：不要纠缠于概念，而要理解智能化时代的本质特点。

李：怎么说？

吴：智能化产品的最大特点，就是硬件可以保持不换，只要软件生生不息就可以了。

李：这个太抽象了，难以理解啊！

吴：所谓智能，就是具备生物的特点。生物的特点是什么？就是时刻进行着新陈代谢啊。

李：那么，智能化产品的新陈代谢体现在哪里呢？

吴：想想苹果的 App Store 就明白了。

李：原来如此！苹果手机硬件可以保持不变，而软件则可以通过 App Store 时时刻刻保持更新。

吴：这其实意味着一个全新的制造业时代已经来临！

李：全新的制造业时代？

吴：苹果的商业模式，意味着一个产品的新旧不再由硬件的款式决定，而是由软件决定。

李：原来连一个产品的新旧概念都已经变了。如果硬件不总是更新换代，不就意味着节省了很多的资源吗？

吴：从这个角度讲，谁说资源是有限的呢？在智能化时代，资源可能是取之不尽啊！智能化的终端和云计算，其实是手和大脑的关系，是一体的。

李：我还有一个问题想请教一下。您说的应该是 IT 业的情况，对于其他行业，又是何种情况呢？

吴：难道李总认为手机行业是 IT 行业吗？在 iPhone 出现之前，我们会认为手机是 IT 产品吗？我有一个观点，IT 行业作为独立的第三方行业，已经在逐步消失。

李：IT 行业在消失？怎么可能？

吴：我们来看看历史吧。譬如哲学，从古希腊诞生开始，就已经开始分化成物理、数学、化学、法律等学科了。

李：我明白了，哲学的分化，并不是说哲学不重要了。

吴：正因为太重要了，就被各类组织吸收了。

李：这样说来，IT 就是因为太重要了，所以它慢慢融入了所有公司的基因。

吴：很对。许多人总认为谷歌、亚马逊、苹果是 IT 公司，这个观点其实是错误的！

李：怎么说？

吴：亚马逊不是做图书销售的吗？苹果不是做音乐销售的吗？谷歌不是做广告的吗？

李：我明白了，这些公司其实是扎根于传统行业的公司，IT 只是他们的核心工具而已！

吴：到现在，我们就很容易理解一个趋势，那就是，未来所有行业的边界有可能都会消失，因为所有行业的软件部分都是相通的。李总现在应该明白，身处眼下的大变革时代到底意味着什么了吧？

李：看来，作为总裁，解放自己真是刻不容缓啊！

企业的研发之路

李：我们上次聊到，公司的本质推动力是技术，总裁必须养成技术的世界观。这就需要公司时刻保持开放的胸怀。

吴：对，只有放眼全球，关注全球范围内本行业和相关行业的技术潮流，才能认清自己的方向。国内不少公司已经实现了国际化，已经在全球范围内探索技术的动向了。这是一个很好的开端。

李：按照这个逻辑，公司的研发也应该遵循同样的原则才是。

吴：说得好。中小企业，研发搞得好不好，只要看一个数字。

李：哦？

吴：只要看研发负责人的差旅费多寡。那些天天呆在公司不愿意出差，或者其公司连差旅费都舍不得的研发负责人，怎么可能与技术的世界保持联系？

李：很有道理。如果是大公司呢？

吴：我举例来说吧。我曾经与一位大公司的研发副总裁聊过这个话题，他的观点我觉得很到位。他说，一个大公司的研发，最好的方式不是闭关，而是与外部合作。

李：怎么合作？

吴：就是与大学联合搞科研，买卖专利。

李：可想而知，这种合作的成功，总裁的关注是非常重要的。

吴：所以，总裁的外部职责是非常重要的。还记得前不久诺基亚和微软宣布合作的事情吧？您也可以理解为这些合作就是诺基亚的总裁推动的，是总裁在推进诺基亚研发的战略意图啊。

李：所以，总裁的拍档常常是保证战略的实现，而总裁则是保持开放的姿态，确保战略资源的取得。

吴：这样说也没有错。不过，这不能说明总裁和副总裁拍档关系的本质。因为他们之间不是简单的决策和执行的关系，这很容易被认为是上下级关系。

李：看来，绝大部分的公司对技术的关注是远远不够的。

吴：这个问题可以从另外一个角度来看，如果一个人创办公司仅仅是为了满足个人的需要，他是不会思考这些问题的。中国的华南地区这个现象特别明显，许多老板常常挂在嘴边的一句话就是："我赚的钱已经足够，其他的事情也不太愿意多想了。"其实，说这句话的人，内心相当虚弱，他已经放弃了经营公司的雄心壮志。

李：不过，也不用这么悲观，我的观点是，公司一旦上了 10 亿元以上的规模，则现存的资产就已经非常可观了。经营公司是一条不归路，不前进，那过去赚的可能会全部搭进去的。

吴：李总这个说法，倒是回答了我的疑惑。

李：关于研发，有没有好的案例推荐，我也好关注关注。

吴：我推荐一本书，是关于微软的知识产权战略的，书名叫《烧掉舰船》，一本很好的关于技术和研发的书，很有高度，适合总裁看看。

企业不死的秘密

吴：上次我们在探讨公司的研发问题时，曾经跑题聊到关于经营企业的目的这个问题。今天专门探讨一下这个话题如何？

李：好啊。

吴：您曾经提到经营公司是一条不归路，我很赞同。不过，我要做一些补充。

李：什么补充？

吴：我还是举例来说明吧。我发现了一个危险的现象，就是如今华南地区公司的股权投资现象。

李：华南地区的风投市场真是火热啊！听说珠江新城马上要建"股权投资基金大厦"，好像全国做私募股权投资的，都要来华南设点了。看来，华南地区要进入一个全新的时代了。

吴：我可不这样看。我和许多总裁都聊过，发现一个共同的现象，那就是每位总裁都说自己手上有很好的项目，就是缺多少多少钱，好像仅仅是钱束缚了他们的手脚。华南地区绝大部分的总裁想到的都是别人投钱给他，想到的都是要，自己却从来没有投资其他公司的想法。这是一种非常危险的思想。

李：我觉得这样做并没有错啊，一个公司总裁难道非要给其他的公司投资吗？自己还不够用，哪有资金投资其他的公司？如果这样，我就不用找风投了啊。

吴：原来李总也这样认为啊。我问您，一个公司，除了自然灾害这类不可抗拒的风险之外，它破产倒闭最可能是什么原因？

李：应该是资金链断了吧，如果现金流断裂，公司就会濒临崩溃。

吴：不错！现实中为什么许多很好的公司现金流断裂就破产了呢？难道这么好的公司，就得不到银行或者其他金融机构的帮助吗？

李：很难啊，众所周知，银行是典型的"嫌贫爱富"，银行是借储蓄者的钱投资，不可能愿意冒风险。

吴：那是否可以找风投呢？

李：更不可能。因为中国的风投，其实还是私募基金，都是别人已经上了台阶，再趁机捞一把的思想。想要让他们雪中送炭，是很难的啊！

吴：看来李总对风投也很有研究啊。我想问的是，公司在现金流断裂的时候，如何寻找帮助呢？

李：只能找亲朋好友帮助了。

吴：李总快接近答案了。想想温州的民间担保贷款市场是如何发展起来的，其实就是靠企业家的投资意识发展起来的啊。

李：这和投资意识有什么关系呢？

吴：许多人对投资有一个很大误区，认为投资其他公司就是为了盈利，而且应该是有了多余的钱以后才去投资其他的公司。他们不明白的是，投资其他公司，仅仅是为了现金流。

李：为了现金流？我还是第一次听到这种说法。

吴：其实您去研究那些事业做得很大的企业家，几乎都有这个特点。最佳拍档治理结构解放了总裁，解放之后干什么呢？一个非常重要的职责就是打造公司的不死环境！

李：怎么说？

吴：这个不死环境就是在公司的现金流断裂时，能得到其他公司的拆借，或者股份置换。如果一个企业家平时从来不帮助其他的公司，总是在封闭的世界里，自己困难的时候怎么会得到别人的帮助呢？

李：有道理！

吴：这就是我认为中国企业家最需要补的课。在中国，一个地方的金融市场必须经历互助的阶段，就像温州一直蓬勃发展的担保贷款和交叉持股。温州的互助金融市场，就是中国特色的风险投资。

李：看来做企业和做人的道理是一样的啊。

吴：其实，我还要补充一点，总裁搭建公司间互助的环境，不仅仅可以给公司创造不死环境，还有一个很好的作用，就是能提高抓住机会的能力。

李：我明白了，因为许多机会来临时，公司常常因为缺现金流而不得不放弃。如果有了很好的互助环境，就可以从其他公司拆借短期资金，从而抓住各种市场机会。

吴：我们还可以进行发散思维，公司间相互投资，也意味着它们可能会更多地共享生意机会。譬如某个公司得到一个好的机会，但是"一个人吃不完"，这个时候它就会想到帮助过自己的其他公司。

李：看来，最佳拍档的治理结构和金融也是息息相关的啊！

吴：所以，企业家圈子的本质是投资，而非停留在表面的吃喝玩乐。没有投资，企业家的相互交往就会流于形式，其结果必然是越来越松散。

最佳拍档和现金流

吴：今天我们就现金流的话题，再深入聊聊如何？

李：好啊。

吴：李总，我想问一个常识性的问题：经营企业，现金流重要还是利润重要？

李：当然是现金流重要。

吴：那么请问，某个渠道商越过营销副总裁找到您，想要更长的账期，您会怎么做？

李：这个嘛，我会告诉他，我先了解一下情况再答复。

吴：您怎么了解呢？

李：我会问营销副总裁，和他商量该如何处理。

吴：这和您刚才说的"现金流更重要"可完全是冲突的啊！

李：何以见得？

吴：账期处理不当，可能会严重影响现金流，所以一定要与财务副总裁商量才对。如果这中间缺少了财务副总裁对现金流的评估，您和营销副总裁又如何商量？商量什么呢？

李：看来我在决策的时候还是简单地"拍脑袋"了啊！

吴：我曾经见过一种情况，一家公司里，太太管财务，老公当总经理。经常发生的事情是，总经理答应给某渠道商加长账期，但是到了财务，太太就是不同意，搞得总经理很没面子。于是，两口子经常为此吵架。

李：这种事情在我身边的许多朋友身上也发生过啊。

吴：其实，这位太太并没有真正地起到财务副总裁的作用，如果双方平时在现金流上达成共识，那碰到这样的事情就很容易作出决策。

李：确实。

吴：不过，我今天只是想结合最佳拍档来谈现金流。我接下来想问的是，影响现金流最直接的是什么因素？

李：这个就太多了，不好回答啊！

吴：我换个方式问您，人才和现金流之间是什么关系呢？

李：这两个之间好像没有什么直接联系啊。

吴：真的么？如果一个公司的队伍非常棒，核心成员的待遇不错、费用很充足，公司现金流状况也非常好，但唯一的问题是公司的利润很少，这样的公司算是一个好企业吗？

李：当然好啊。

吴：那我现在回答刚才提出的那个问题吧，影响现金流的最直接因素，就是"周转率"这三个字，譬如成品库存周转率、原材料库存周转率、资金周转率等。

李：这个很有道理。

吴：接着，影响周转率的最大因素是什么呢？

李：我还是那个答案——影响的因素太多了啊。

吴：其实，说到底不是别的，就是人啊！只有人，才能让物资周转起来。注意，总裁的职责是在"旷野"，所以，只有内部的人才才是周转的关键因素。我们可以用倒推的方式来论证。我有一个观点，那就是"总裁赚利润，职业经理人赚现金流"。

李：这是什么意思呢？

吴：总裁所有的拍档中，财务副总裁的角色非常独特，因为现金流是最最重要的经营杠杆。在公司的成长过程中，只要公司在细分市场还没有达到前三的位置，则只要在现金流允许的前提下，尽量找最好的人，给最好的费用空间，以便让队伍高效运转。

李：为何一定要前三名呢？

吴：过去，我们面对的市场常常是割裂的，现在呢？国际品牌就在我们的身边，而且国内各地区的市场也越来越统一。物流也好，定价也好，餐饮行业的统一打印发票等，这些都是统一的象征。这种统一，只会加速各行业的集中度。这就是前三名的意义。现在风投开口就是问，您的公司是行业或行业细分市场的前三吗？如果不是，连对话的机会都不会再有了。

李：我明白了。

吴：所以，有了好的财务副总裁，才能理性地、有节奏地邀请需要的人才加盟公司。没有了财务指标，就失去了标准。现金流是经营中非常非常重要的指标。

李：想不到，最佳拍档和现金流的关系也是如此密切啊！

对抗和圆满

李： 先生，我们今天聊一些比较轻松的话题吧。

吴： 好啊，李总，您认为在人成长的路途中，最大的陷阱是什么？

李： 这个问题……跨度好大呀，我一时回答不上来。

吴： 依我的观察，中国人成长的经历中，最大的陷阱就是"比较"。

李： 哦？

吴： 千万别小看"比较"这个词，它可是与"圆满"对照而言的啊。

李： 看来我们今天探讨的，又是形而上的哲学问题啊！

吴： 我先说说比较吧。我们小时候接受的是什么教育？父母、学校老师不都是用树立榜样的方式来教育我们的吗？

李： 我也是这样教育孩子的呀，不用榜样，难道还有别的方式？管理上不是经常讲"以点带面"吗？还有我们不是经常讲"榜样的力量是无穷的"吗？

吴： 我们先不评论这种理论的对或错，我只是想谈谈利用"榜样"教育人所带来的后果。

李： 先生是否想说，如果利用榜样来锦上添花，并没有错，但是如果利用榜样来批评人，那后果一定很严重？

吴： 正是如此！我们许多人都会有这样的经历，小时候，父母批评我们的时候，经常会呵斥说"你哥哥如何，而你又如何如何"，"谁家孩子如何如何，而你又如何如何"。到了学校，老师批评学生时，说的也是类似的话。

李：确实如此。

吴：等到长大进入社会呢？最盛行的要算成功学了。成功学本来没有错，只是我们用错了。因为我们会延续家庭和学校的教育方式，在评价一个成年人时，也用比较的方法。比较，其本质就是寻找一个标杆，就是一个追赶的对象，也是一个竞争的对象，一个对抗的对象。

李：你这样说，让我想起了国内二级城市的情形，譬如某大型企业里边，职工可能有几万人，在那里生活，最明显的就是比较，几乎天天生活在比较当中。

吴：您的观察很深入。但是到了大城市情况就好了些吗？没有。因为无论大城市还是小城市，大家的世界观还是一样的。大城市里面的流动性，只是经常转移比较的"战场"而已，我们内心的对抗并没有变。

李：我们的公司管理不也是这样吗？经常在公司内部树立某方面的榜样，而且也经常用某个榜样来教训表现不符合要求的员工或部门，这样难道也有问题吗？现在不是流行"标杆企业"的管理方法吗？

吴：在最佳拍档治理结构的公司，总裁从来不会当着拍档之外的人去表扬拍档。因为，拍档完全有资格成为公司的标杆啊！为何还需要公司的表扬呢？很奇怪的是，在最佳拍档治理结构的组织里，拍档的表现往往就是最佳的。

李：是啊，在最佳拍档治理结构的组织里边，组织不再会把员工分为好的和坏的，更不会存在"这是我的人，那是某某的人"这样的党争。

吴：嗯，圆满就是比较的对立面。在最佳拍档治理结构的公司里面，到处都是好消息，这样，年度会议几乎只有一个主题，那就是庆祝。

最佳拍档和教育理念

吴：李总，我们专门来一次关于教育方面的谈话如何？根据我的研究，人类发展至今，有三种教育观，很有代表性。

李：只有三种？

吴：听我慢慢道来。第一种，就是老子的教育观。其核心观点是"大音稀声"，意思就是，领导应该以身作则，不应该说教。

李：嗯。

吴：但是，这种教育方式并非十全十美，以我的体会，在现实中运用这种方法经常不起作用。

李：我倒是很认同这种教育方法，我们不是一直这样被教育的吗？小学课本就讲，不要做言语的巨人，要做行动的巨人。

吴：以身作则真的一定会带动别人向善吗？现实中，我们更常见的是到处存在各种寻租行为。譬如，您开车时严格遵守交通规则，但是不是其他所有人都会这么做呢？

李：呵呵……那么孔子呢？孔子不是被誉为中国最伟大的教育家吗？

吴：我正要谈到孔子呢。其实在孔子在世时，就已经被一个人批判得不得了，这个人就是老子。孔子的教育方法最大的特点就是标榜，譬如标榜孝，标榜仁义礼智信。

李：标榜？从来没有人总结老子批评孔子的原因，原来是批评他的标榜。

吴：其实，孔子的复周礼、提倡孝、提倡仁义礼智信，这些内容都很好。孔子的问题不在于他的教育内容，而在于他的教育方法。

李：标榜又有什么错？请举例子说明一下。

吴：这里举两个例子。我见过许多总裁，在财年会议上最喜欢讲的，就是公司几年之内要达成如何如何的宏伟目标，很有意思的是，那些口号喊得越响亮，数字越完不成。

李：嗯。

吴：我还见过一个所谓的国学大师，他说自己经常和母亲一起读《孝经》，并对父母行孝。如果我是父母，会是什么感觉啊？我可不愿意给孩子那样的心理压力。孝靠的是实践，天天挂在嘴边，多么反胃啊！

李：原来喊口号就是一种标榜啊。这样，先生不是又回到老子的教育方法了吗？除了老子的以身作则，孔子的榜样教育，难道还有第三种方法？

吴：还真的有第三种，您信不信？

李：请先生赶快说说。

吴：为这个问题，我也苦恼了许多年。直到我进入了最佳拍档治理结构的组织里，加上自己在那个时段里走进了道家断食的世界里，我才慢慢感觉到，自己已经走进了宗教那广袤的世界。有点好笑的是，我竟然是在耶稣的世界里，找到了第三种教育的方法。

李：耶稣？第一次听说他还是一位教育家。

吴：先听我说，在2000多年前，耶稣就已经宣讲了一套完全不同的教育解决方案。耶稣提出的方法就是，以上帝的名义行一切事，这中间其实已经包括以上帝的名义爱人和批评人。

李：以上帝的名义？如何理解？

吴：在耶稣那里，有一个清晰的"商业模式"，那就是教会！

李：您的意思是，第三种教育方法，就是耶稣的教会法则？

吴：是的。它最精妙的地方在于，不会给你讲大道理，只要你加入到教会中来，过一种爱人的生活。

李：耶稣的方法，与老子和孔子的方法有什么区别和联系呢？

吴：其实，耶稣的方法，既包含了老子的不标榜，也包含了孔子的标榜，更添加了一个崭新的元素。

李：怎么说？

吴：所谓添加了老子的不标榜，就是爱人，但不标榜自己。所谓添加了孔子的标榜，就是以"上帝"而非"人"的名义爱人。而那个崭新的元素，就是教会的法则。教会的本质就是一种生活方式，用管理的语言讲就是一种商业模式。

李：照这样说来，最佳拍档遵循了哪种教育方法呢？

吴：教会是一个非常正规的组织，公司也是如此。最佳拍档的组织里，也融合了上述三种教育理念啊。

李：三种都有吗？

吴：第一，最佳拍档基本不标榜个人；第二，最佳拍档用得最多的词语是"我们"，这个"我们"，就是共同的理想，是"公"，上帝不就是最高层次的"公"吗？第三，最佳拍档是一种生活方式，这个生活方式就是高产出的生活方式。只有高产出，才能激发人的善，激发人的自豪感。

李：看来我要花很长时间去咀嚼先生的这些话呀！

股份制能替代拍档吗？

李：我有一个疑问，总裁的最佳拍档应该是公司的股东吗？如果这个岗位如此重要，不给股份他会愿意跟随我吗？

吴：问得好。我在大学给总裁们上课时，许多总裁也问了这个问题。许多人认为，留住一个人才，最佳的办法就是股权激励。

李：这难道不对吗？

吴：呵呵，我不是反对股权激励，我反对的是把股权激励和拍档关系放在对立的位置上。我的观点是，股份制不是最佳拍档治理结构的必要条件，而最佳拍档治理结构的形成，必然是卓越领导力的重要标志。

李：可否这样说，股权激励试图解决的是利益的问题，而最佳拍档关系不但考虑了利益的问题，也考虑了人性的问题？

吴：是的。许多上市公司里面的千万级员工就一大堆，对于这样的员工，股份制的利益已经是现成的，这些员工最需要的是尊重。

李：拍档们是总裁理想的第一批跟随者，这些跟随者因为得到人格的尊重而死心塌地为总裁服务。

吴：总结得非常精辟，后半句应该把"为总裁服务"变为"为组织服务"。因为在最佳拍档治理结构的公司里面，副总裁不用看总裁的脸色行事，他只需要完成自己的本职工作，把总裁交给的 SBU 头们 review 好。只要自己时刻与 SBU 头并肩作战，不轻易从战场上下来，就是一个很好的副总裁。

李：这样，副总裁内心装的是公司，是"公"，折射的是一个人的解放。

吴：所以，《道德经》第16章中说："知常容，容乃公，公乃王。"

可见，领导力的最高境界，不是让一个人跟随一个人，而是让一个人跟随一个组织，成为一个理想的承载者。

李：我们前面提到过，拍档的薪酬制度的核心就是先做，至于做完之后的分，是总裁必须考虑的，而副总裁根本不用考虑。

吴：股份制也好，提成制度也好，其实都是先分好，再做事。这种模式，与领导力的本质其实是相违背的啊。我见过一个公司，从来不谈当季的数字，也不谈员工的薪酬。这里的 review 水平，竟然是考虑下一个年度的数字。通过 review 上一周的工作，竟然可以推测到明年的数字情况。

李：这么厉害！

吴：一个好的领导，就是能把问题消灭在萌芽状态中。如果每年数字完成得很好，review 的就是明年的数字，而非当季的数字。一定要让 SBU 头们知道，今年当季的数字完成得好，是因为去年打下的基础好，而上周的松懈，则必定会影响到明年的数字。

李：这才是 review 的标准啊！

吴：我并非反对股权激励，而是说，一个组织必须在"和"的前提下谈"分"。而最佳拍档治理结构的精妙之处，就是把垂直式的组织关系提升到了"和"的高度。

信任能替代拍档吗？

李：最佳拍档关系可以理解成是一种信任关系吗？

吴：最佳拍档关系的本质，与信任根本不是一回事啊。

李：请您详细解释一下。

吴：在最佳拍档关系中，总裁和副总裁之间，本质上是一种专业化分工，这种分工是基于各自的能力而言的。可以这样说，在这种分工的结构中，总裁和副总裁必须具备各自岗位所需的专业才能。

李：可否举例说明？

吴：譬如营销副总裁，他必须非常懂业务，他操盘的能力一定要非常高超。否则，他就无法听懂SBU头讲的"故事"，如果连听都无法听懂，怎么可能甄别"故事"的真假呢？如果没有足够的业务能力，营销副总裁再勤奋、再努力也无济于事。这就是为何总裁不能设立特别助理来替代这个岗位。

李：那总裁呢？

吴：总裁必须有魅力，能物色、说服各种专才加盟公司。他还必须学会决策，擅长利用各种外部战略资源来为公司的战略服务。总裁的这些能力，可以描述为成就明星的能力，成就自己的员工、成就自我的能力。

李：看来，管理的核心是关系的界定。只要把关系界定好，其他的就是专才的天下。

吴：所以，最佳拍档怎么能用"信任"两个字概括呢？

解决总裁"接班"的难题

吴：今天我们聊聊总裁接班人的问题吧。

李：好啊，不过，谈到接班，这还真是让人头疼的问题啊。

吴：其实，接班人的问题是一个世界性的难题，只是，这个问题在中国更加突出。我们常常以为副总裁是总裁的接班人选，这个认识其实是错误的。

李：这个观点我倒是赞同。

吴：李总说说理由。

李：从最佳拍档关系的角度来讲，营销副总裁的能力主要是勤奋，是 review，是在场。而总裁则是对外，是如何利用组织中每个阶段的相对优势资本，去廉价取得组织所需的战略资源。这种能力与副总裁的能力根本就不是一回事。

吴：总结得非常到位啊。这就是为什么对于一些商业模式经常变化的行业而言，空降的 CEO 才能让组织重生。最典型的就是 IT 行业的 IBM 请郭士纳了。

李：只有在最佳拍档的模式中，才会对总裁、副总裁、SBU 头这几个关键角色有非常清晰的认识。

吴：只要工作在最佳拍档治理结构的组织中几年，就很容易分辨出谁适合从事什么岗位。譬如，SBU 头最大的特点就是喜欢与用户泡在一起，喜欢操盘项目；而营销副总裁的特点是喜欢从事管理，喜欢驱动他人做事；总裁则具备典型的明星特质，喜欢当精神领袖，善于获取公司所需的战略资源。

李：所以，接班人不在乎其来自于公司内部还是外部，关键是看其

特质。

　　吴：是的。对于接班问题，最佳拍档这种治理结构最大的好处是，可以保证接班过程的稳定性，因为公司的执政层面总是有两个角色。两个人同时发生动荡的可能性很低，这才是最佳拍档治理结构的妙处。

柔性组织和企业转型

吴：健康的生命特征是什么呢？

李：呵呵，养生的问题，我可不太擅长啊。

吴：我们说说道家关于健康生命的法则吧。《道德经》第 16 章云，"致虚极，守静笃"，"归根曰静，是谓复命。复命曰常，知常曰明"。

李：这是什么意思呢？

吴：简单来说，道家非常讲究静修的重要性。您如果喜欢打坐，就很容易理解。人一旦静下心来静坐，一呼一吸，就能明白，生命的法则就是内外交通。

李：内外交通？

吴：生命就是能量场，交通就是内外的能量交换，用术语讲就是新陈代谢。

李：新陈代谢，我懂。

吴：老子认为，人在静坐中，身体就像一个倒置的风箱，而横膈膜就是风箱的推手。静坐中，人体应该达到每个毛孔都不堵塞，这样，随着横膈膜的上下推动，人体就能与自然的空气进行最彻底的能量交换。

李：我这还是第一次听到老子的养生观点啊。

吴：注意啊李总，我不是讲养生，而是想通过养生的原理来讲公司管理。我们现在不是讲柔性组织吗？"柔性"两个字，就是借用了生命的概念。如果组织是一个生命体，那么，衡量组织是否健康的标准应该是什么呢？

李：我明白了，组织是否健康的衡量标准，就是组织内外交通的充分程度。

吴：而最佳拍档就是组织这个"生命体"内外交通的最佳方式啊！

李：这个视角还真是独特啊。

吴：柔性组织的最大好处，就是增强了对外部环境的适应性。记得《基业长青》这本书的结论吗？

李：我听说过这本书，不过没有看过。不会又是什么管理理论新潮流吧？

吴：这本书算是另类，是一本真正有分量的管理学著作。

李：《基业长青》讲的是什么呢？

吴：《基业长青》把公司经营比作是几个人坐上一辆巴士，大家并不知道这辆巴士的终点在哪里，关键是中途不要有人下车。

李：这是什么意思呢？

吴：书中特别提到，谁能预测到100年之后的诺基亚是一家通讯公司呢？要知道100年前，诺基亚可是在经营纸浆方面的业务啊！

李：诺基亚创业初期竟然是干那个行业的？

吴：《基业长青》这本书出来还没有几年，谁又预测得到，诺基亚这家通讯行业的巨头，现在竟然正在经受转型的疼痛呢？

李：看来，基于技术的行业，真是变化无常啊！

吴：这也是现在大型公司关注的一个话题，即组织转型。譬如 IBM 的百年转型之道，就是此类。虽然现在诺基亚、微软都处在转型的疼痛之中，过去苹果又何尝不是如此？

李：是啊。

吴：庞大的组织容易僵化，因为大，挪动"身体"就会非常艰难。组织的僵硬程度，可以从高层关系的对抗程度看出端倪。高层的对抗，就会演变成组织对外部的不适应，这种不适应，其实就是组织对外部环境变化的对抗。总之，都是对抗。

李：哈哈，这完全是违背养生法则的啊。

吴：对抗就是"死地"啊。还记得乔布斯的"涅槃"吗？前一个乔布斯，是一个与公司其他高层对抗的乔布斯，而后一个乔布斯，至少已经做到了与之和睦相处。苹果的成功，根本原因是因为苹果组织的柔性。

　　李：这个观点倒是很新颖。

　　吴：伟大的事业，不可能一蹴而就，最需要的就是时间。长时间的和平环境，需要的就是圆满的关系啊。而对抗的关系，一般不会持续太久。如果乔布斯还是过去的乔布斯，很可能他的计划早就半途而废了。

公司的两次创业

吴：我们今天聊聊公司的两次创业，如何？

李：好啊。我刚好可以检查一下自己的公司处于哪个阶段。

吴：我这些年接触了很多总裁，发现一个很有意思的现象，那就是，许多总裁创业的前几年，公司常常还获取不少利润；而过了几年，公司就变成烧钱的平台了。

李：这种情况不是很普遍吗？有可能开始创业的时候机遇不错，而后来的经营环境变了吧。

吴：我开始也是这么认为的，后来我发现真实的情况并非如此。

李：哦？

吴：公司创业初期，总裁常常就是项目的操盘手。这个时候，项目的成功率常常很高。而随着公司的发展，总裁越来越依赖员工去做事。

李：正常啊。

吴：关键是，总裁对管理和业务的界线常常毫无认识，这样，虽然越来越多的员工加入公司，但是，公司的运营模式却没有改变，常常还是总裁一支笔。这样，公司的各种任务或者说项目，越来越混乱。

李：有道理。

吴：如此下去，总裁会发现公司里能干事的人越来越少了。为何？因为好的员工会因为总裁的随意干涉走人，而不好的员工因为总裁忙于"救火"而无暇被总裁顾及。其实，公司经营困难时，常常连换人的资格都没有了！

李：您说的这种现象，简直就是我的公司过去的生动写照啊！

吴：最麻烦的还在后头呢。当总裁发现公司的问题越来越多时，他并不会把原因归于公司的专业人才缺乏，相反，常常把原因归咎于管理。管理成了公司问题的替罪羊羔。把管理和专业混为一谈，这是最最严重的错误！

　　李：是呀，公司问题重重时，最直接的解决方法并不是引进什么管理模式，而是尽快解决操盘手的问题。紧急情况下，总裁可以自己担任操盘手角色，或者尽快引进专业人才。

　　吴：所以，如果对业务和管理的界线没有清楚的认识，把一切问题归咎于管理，就完全违背了管理的初衷。因为直接创造需求的是专才，而管理的目的是聚集专才，让专才高效运转。

　　李：看来，公司的第一次创业是相对容易的，因为那个时候是总裁自己操盘，其他员工只是配合。而到了第二次，是让真正的专才来操盘，自己则做操盘者的帮助者。这第二次创业才是真正的挑战。

　　吴：第二次其实还分两个阶段。第一个阶段是找到一两个 SBU 头，因为一个好的 SBU 头就是一个好的操盘手。第二个阶段就是 SBU 头多了之后，总裁就需要找到自己的最佳拍档。

　　李：让我来解释一下，第一个阶段，总裁更多地是承担副总裁的角色，而第二个阶段，副总裁作为拍档解放了总裁，这个时候，总裁就成为了精神领袖。

　　吴：没错！只有第二个阶段，才是考量总裁真正潜力的阶段。第一个阶段，总裁能用钱来解决问题；而第二阶段，则牵涉到总裁获取战略资源的能力，对行业的洞察力，对最佳拍档的认识等。

　　李：这就解释了为何许多总裁进入第二次创业的时候常常"一夜回到解放前"。因为公司里面已经没有了项目的操盘手，没有了产出，公司只能沦为烧钱的平台了。

　　吴：看来李总已经有清晰的答案了。

什么叫总裁？

吴：李总，我们今天聊聊什么叫总裁，怎么样？

李：哦？这个话题我喜欢。

吴：最佳拍档这种治理结构很有意思，在公司内部执政层面是两个人，而且这两个人都在公司中有绝对的权威。这就是说，总裁经常面对的人，其实就是自己的拍档。

李：这意味着什么呢？

吴：我们能否这样理解，拍档其实也是另一种类型的总裁，也就是说，总裁常常面对的就是另一个总裁。这是针对公司的内部而言。

李：那么在外部呢？

吴：总裁在外部见的又是什么人呢？他会经常去见渠道的总裁、行业协会的会长、供应链的总裁等，这些人有什么共同特点呢？不都是总裁吗？

李：是啊，看来一个真正的总裁，应该生活在总裁的圈子里面。

吴：这就是我对总裁的定义。什么叫总裁？天天生活在总裁圈子里的人，就叫总裁。

李：这个定义倒是很有意思。

吴：这里面必须解释的一点是，如果总裁没有实现最佳拍档式管理，就不是真正的总裁。总裁必须生活在真正的总裁圈子中间，这也是选择合作伙伴的标准。

李：那么，总裁的秘书和助理应该算作什么呢？

吴：问得好。一般的公司，都是总裁直接管理自己的助理和秘书，其实这是对总裁不负责任的做法。

李：怎么说？

吴：秘书和助理，应该由拍档管理，相当于拍档安置了一些岗位在总裁身边，为总裁服务。秘书和助理的日常管理，不应该交给总裁，总裁的本职工作是奔走在"旷野"上啊。

李：很有道理。总裁每周很少在办公室，怎么可能管理好秘书和助理呢？

吴：一个真正的总裁，生活在真正的总裁圈子中间，这是一个多么强大的生态环境啊！

为何我们没有跨国公司？

吴： 我们今天谈谈关于跨国公司的话题。

李： 跨国公司过去觉得好像很遥远，现在再熟悉不过了。我家的孩子，每天放学都守着 iPad 不放。

吴： 哈，我家的也一样。不过我想讨论一个问题，为何我们没有真正的跨国公司？

李： 这个问题也太大了吧？

吴： 问题大并不可怕，我们前面不是谈到什么叫总裁的话题吗？最终的定义竟然是"只有天天生活在真正的总裁圈子里的，才叫总裁"。其实我的原理很简单，就是镜子原理。

李： 这个原理也一样能回答"为何我们没有真正的跨国公司"这个大问题吗？

吴： 当然。所谓跨国公司，首先就是跨国的组织。能否这样说，只要有跨国的环境，就一定会产生跨国公司呢？

李： 这个真的不好回答啊。

吴： 再加一个条件，是否只要时间足够长，就一定会产生跨国公司呢？

李： 这个我还是不知道如何回答。

吴： 其实，必须先有跨国环境，才会有跨国公司。这就必须回答第一个问题，什么才是真正的跨国环境？

李： 我明白了，只有先界定什么是真正的跨国环境，才能产生跨国公司。

吴： 真正的跨国环境，必须以民间的跨国环境为前提。因为民间的跨国化意味着人才的跨国化，公司其实是人的集合。

李：中国要出现真正的跨国公司，则必须解决第一个问题，那就是真正的跨国环境。

吴：李总说得非常对。

拍档的时间观

吴：李总，您觉得签订劳动合同应该签几年？

李：现在一般不是三年一签吗？

吴：为何过去不是三年，而常常是一年呢？

李：合同几年一签重要吗？合得来就合作，合不来就散，可不是一纸合同能约束得了的啊。

吴：经历了 2008 年的全球金融危机之后，企业家应该反思一下公司的本质才行。我们过去以为创办公司就是为了赚钱，所以除我以外的一切都是工具。他人算什么？不过是赚钱的工具而已。

李：是啊，金融危机之前，到处是找工作的人，到处是订单，哪会思考这些呢？

吴：我见过太多的总裁，他们因为各种机遇或自己的辛勤努力，积累了第一笔不大不小的财富。但是当他进入第二次创业阶段，想让公司上一个台阶的时候，则会不知不觉地把第一次创业阶段的钱烧光了。

李：创办公司不容易啊，我们做梦都想公司能持续并良性地发展，但是，有时候会觉得，公司像一头无法驯养的野兽，弄不好就会被反咬啊。

吴：就拿拍档关系来说，总裁是精神领袖，日常执政都是副总裁的事情，所以总裁拍档的选择非常重要。本质上，拍档之间的合作应该是终身制才对。可我见过许多国内的外企高管经常带着自豪的语气说，自己在每一家公司任职的最佳时间是 3 年。

李：为什么？

吴：他们的理由是，3 年是保持他们激情和斗志的最佳时间！

李：公司碰到这样的职业经理人真是太可怕了。

吴：国内一些企业家已经感受到了这种观念的危害。譬如，马云就对职业经理人有一番高论，他说，阿里巴巴需要的是职业经理人的领导力，但拒绝职业经理人的习性。

李：马云的这个说法，我也听说过。

吴：我曾经问过许多人，发现许多人都不明白马云到底想说什么。我想，马云是想说，职业经理人的领导力是对数字、业绩的高度关注，这是我们国内公司非常需要的管理素养。但是，职业经理人常常会有先分账后做事的习性，还有3年一跳槽、洗牌搭建嫡系部队的习性。

李：为何外企的职业经理人会有这么多习性呢？

吴：首先，我要强调一点，并非所有的外企高管都有这样的习性。

李：那当然。

吴：您会发现，某个外企的数字化倾向越严重，这里出来的人的这种习性会越严重。

李：为什么呢？

吴：其实，这一切，根源都在于最佳拍档这种治理结构。还记得我们讨论"外企数字的陷阱"这个话题时所说的吗？

李：我记得，如果总裁自己把太多的时间耗在订单上，不管他通过什么方式，位置都不能长保。

吴：正因为如此，外企的职业经理人就容易形成这样的世界观：3年一跳槽是必然的，没有什么例外。因为既然3年是一个大限，干完3年后，"打一枪换一个地方"的做法是必然选择啊。所以，您会发现许多500强公司的高管一身的江湖气。

李：我总算明白了，一个人的时间观里，3年和10年有本质区别啊。

吴：确实。凡是从最佳拍档治理结构公司出来的人，才是真正的职业经理人。从这种文化中出来的人，对游戏规则非常清楚。而从垂直结构公司出来的人，容易看别人的脸色行事。

李：所以，我们在学习外企的优点时，也要警惕可能带来的某些痼疾。

吴：但我还是欣赏外企的数字文化，在外企中锻炼过的人，对业绩的高度关注是非常值得我们国内公司学习的。而且，关注业绩的人，必须专一，越专一越好。

李：专一到什么程度呢？

吴：就是如果你抓数字，就只负责数字，人才招聘、市场策划都不需要你分心。因为关注是没有止境的，投入越多越好。

李：我明白了，我们常常对营销负责人有过高的期望，既要数字，又要管理，结果只是海市蜃楼而已。

吴：对，这也是外企 review 的哲学。

党争的起源

李：先生，能否聊聊公司的派系斗争，这个问题我的公司一直以来就非常严重。

吴：譬如呢？

李：最严重的莫过于销售部门指责研发部门了。

吴：这也是问题吗？其实，按照逻辑，销售部门是没有任何权力去指责研发部门的。因为销售部门的职责就是在既定的条件下，完成公司下达的任务。李总一定是常常让销售部门和研发部门在一起开会吧。

李：当然，过去我们公司周一常常会开跨部门例会，结果总是部门之间吵来吵去。

吴：以我在外企的经验，研发部门和销售部门一年到头都很难沟通啊。其实，研发部门沟通的对象是消费者，研究的对象是竞争对手，销售部门的声音根本不可能客观。我们国内的许多公司，常常以为销售队伍才最理解用户，这个假设其实是大错特错的。所谓销售队伍最理解用户，其实是为销售指责研发和生产提供了理由。

李：我现在明白了，我以前对跨部门例会真是没有一点理论认识啊。

吴：我们还可以聊聊另一种常见的政治斗争。

李：请先生赐教。

吴：由于公司对"业务到哪里为止"根本就没有一个清晰的认识，这样，营销副总裁常常指挥 SBU 头们如何如何做。最可怕的情况是，某个渠道商或客户打电话给营销副总裁，营销副总裁竟然偷偷摸摸从总部飞到区域插手业务，事先根本就不征求 SBU 头的意见，一些更甚的，插手之后也不说。这是典型的业务和管理之间毫无界线导致的情况。

李：不好意思，我过去也犯过一样的错误。

吴：营销副总裁这么做，是典型的高管不像高管，结果当然是好的SBU 头们一个个溜之大吉了。

李：这类政治斗争对公司的伤害是很严重的啊！

吴：其实还有更可怕的。我上面说的营销副总裁为什么会犯那些低级错误呢？一个最大的原因，就是因为总裁和副总裁的矛盾。

李：嗯，在垂直结构的公司里面，因为总裁问责副总裁，结果必然导致副总裁觉得自己地位不稳，为了确保自己手中的筹码，最好的办法当然是培植自己的亲信和控制订单了。

吴：如此下去，后果可想而知了。

李：在一般的公司里面，这种情况太普遍了，谁手上有客户资源，谁就在公司里有地位。

吴：在这些公司，高管只是大家嘲笑的对象而已。而在最佳拍档治理结构的公司里，由于总裁和副总裁的圆满关系，党争就没有立足之地了。

垂直对抗下的轮岗制

李： 我见过不少公司，为了防止 SBU 头们独霸一方，常常采用 3 年轮岗的模式，您怎么评价呢？

吴： 这种轮岗制，要看其基于什么假设。在垂直对抗的组织里，对抗的形式千变万化，所以，很难评价这种轮岗制到底有什么好处。

李： 这些公司认为，如果不轮岗，很容易滋生"土皇帝"。

吴： 哦？从另一个角度来讲，SBU 头对地方市场越熟悉，就越容易耕耘当地市场啊，这不就自相矛盾吗？公司一面想要好的业绩回报，另一面又将一个刚刚熟悉当地市场的人调离，真是好笑！

李： 恐怕这些公司认为，为了防止土皇帝的滋生，哪怕因调岗而损失利润也是值得的吧。

吴： 我们还是别在错误的世界里兜圈子了，因为我们不可能在错误的世界里找到答案，想想在最佳拍档治理结构下的情况吧。

李： 也就是说，在这类公司里，SBU 头不会演变成土皇帝？

吴： 是的，根本就没有土皇帝的立足之地。因为这种组织至少做到了一条，SBU 队伍都在高效运转。只要公司良性运转，成功的氛围会消灭许多歪心思。尤其是业务和管理的界线分明后，让业务骨干感觉得到了充分的尊重。

李： 因为 SBU 头只负责带队伍，不负责招聘，而且，SBU 头有充分的指挥权。这样的管理氛围，会让 SBU 头更加努力地工作。

吴： 我的观察结果是这样的，在最佳拍档治理结构的公司里，不但不怕 SBU 头待久了滋生土皇帝心态，反而要热烈欢迎终身制的 SBU 头，只要他能长年保持高效运转！真正好的 review，可以通过上周的工作，推测明年的数据。这样，今年的业务好，都是因为去年的基础。这就是SBU头的世界观，有这种世界观的人，会产生土皇帝心态吗？他连一丝丝理由都找不到啊。

李：看来，调岗是错误世界里的一个错误手段而已。

渠道是甲方还是乙方？

吴：李总，今天我们聊聊渠道的话题吧。您觉得分销渠道是甲方还是乙方？

李：如果我是厂家，渠道就是我的客户，这样说来，渠道当然是甲方了。

吴：嗯，我知道您一定会这样说。

李：有什么问题吗？

吴：在500强的公司里面，在国内行业龙头企业里面，您会发现完全不同的景象。

李：什么景象？

吴：这些公司的渠道，常常把"Polycom才是我们公司的衣食父母啊"这样的话挂在嘴边。这些渠道对厂家表现得非常忠诚，是典型的乙方心态。

李：这个我真是从来没有见过。

吴：一次，我和一位知名公司的总裁聊天，谈到渠道的重要性时，您知道这位总裁是怎么说的吗？

李：他一定是说自己非常重视渠道吧。

吴：当然。他提到他前不久把公司的优秀加盟商请到总部参观，还专门为这趟参观起了一个名字。

李：什么名字？

吴：叫"感恩之旅"。谁感恩谁呢？竟然是厂家感恩加盟商！这位总裁看待渠道的方式是有问题的啊。

李：错在哪里呢？

吴：感恩的厂家，只会让渠道的"土皇帝"心态更加膨胀。而感恩的渠道，会增加厂家的责任感。这就是厂家和渠道的关系哲学。

李：但是，要做到这一点不是那么容易啊。

吴：您想想，一边是高效运转的专才，一边是明星级总裁，这会带给渠道多大的信心。而在传统垂直对抗的供应链体系里，厂家与渠道见面，除了生意就是生意，除了利益谈判就是利益谈判，渠道只会感觉当地市场的培育和发展只能靠自己，厂家帮不了什么忙。

李：原来如此！

吴：我还见过不少总裁，在公司发展初期，通过地方渠道开拓市场，后来忍受不了渠道的刁难，便开始逐步撤销渠道，搭建自己的直销公司。

李：我身边的许多总裁也是这样做的。

吴：这其实是倒退。纵观外企在中国的做法，几乎都是坚定地走渠道模式不动摇。要实现公司的全球化，掌握与渠道合作的方法和技巧是必不可少的。

李：我想起了国内一家知名 IT 总代理的总裁说的一句话。

吴：请您说出来分享一下。

李：这位总裁说，通过公司近 20 年的发展，他再也不愿意代理国内品牌了。

吴：哦？什么原因？

李：一个最大的原因，就是因为国内公司的渠道政策太容易变了。

吴：哈哈，这个案例非常有说服力。

人真的是可以培养的吗？

吴：李总，现在各种培训好像很火热啊。

李：是的，我觉得有点过了，好像什么问题都可以用培训来解决似的。

吴：作为公司的总裁，您真的觉得人是可以培训出来的吗？

李：说实话，我认为人是无法培训出来的。

吴：那为何还经常让员工参加各种培训呢？

李：唉！现在不是说，培训对于留住人才很有用吗？如果不经常给员工搞搞培训，员工的流失率就会增加，人不好招啊。

吴：还记得我们聊到过，在总部和区域之间一定要设立一道界线，这个界线就是业务必须到 SBU 头截止。

李：这点我印象很深刻！

吴：我们还提到，营销副总裁的核心职责就是 review，而 review 的核心就是推动其高效运转，但要杜绝指挥他们如何做事。

李：这些我都记忆犹新！

吴：不指挥，不就是不培训吗？

李：照这样说，难道培训完全是多余的吗？

吴：我很欣赏一本书，就是盖洛普的《现在，发现你的优势》。书中的一个重要观点是，每个人都有其独特之处。随着年龄增长，自己就能慢慢地感觉到这个特殊之处，即自己的才华。

李：这个观点和培训有啥关系呢？

吴：培训并非无用。一个高效运转的 SBU 队伍，可以自然而然地筛选出两种不合适的人：一是有能力而不愿意干的人，一是能力不符合要求的人。

李：这个我可以理解。

吴：如果没有高效运转的机制，这两种人就遍地都是。如果是这样，李总觉得培训能得到什么回报呢？

李：我现在明白了，为何有些人无论你怎么说，他就是"冷水过鸭背"，原来就是属于这两种人啊。

吴：现在明白培训的前提了吧？

李：很受启发呀。

吴：所以，在高效运转机制下的公司能呆两年，就证明这个人是完全符合要求的，既勤奋又跟得上公司的发展。

李：就是说，只要在高效运转机制下能呆两年以上的员工就值得培训？

吴：算是吧。一个素质强、愿意付出的人，制约他发展的，不外乎就是资源和视野，而培训不但可以为一个人带来资源，还会带来宽阔的视野。

李：嗯。

吴：不是说，"人对了，整个世界就对了"嘛，最佳拍档就是那个能够找对人的机制啊。

最佳拍档和组织开放的原则

吴：我们曾经谈到，总裁的解放对于一个组织太重要了。

李：是的，只有最佳拍档这种治理结构，才能让总裁真正得到解放。

吴：因为解放意味着开放。我记得谈到马尔萨斯时提到，技术才是公司的本质，而技术是全球化的。技术的突破不可能依赖一两个国家，尤其是基础技术的突破，必须集合各个国家的智慧。所以，公司也好，国家也好，开放是必要条件。

李：我们不是经常说"只有改革开放才能发展中国"吗？但是如何衡量一个国家的开放程度呢？

吴：如果把一个省或者一个州比做 SBU 的话，中央政府就是公司的总部。按照这个逻辑，美国可能是最开放的。要知道，美国国务卿的地位是非常高的。因为美国的联邦制和州自治等特点，联邦政府的角色简直就是为外交而设立的。

李：这么说似乎有些道理。

吴：看看美国国务卿的地位，再看看美国总统在外交上花的时间，就能明白美国的开放程度。因为州的自治，联邦政府根本不需要设立一个"副总裁"来 review 州长，美国总统和国务卿就是美国政府中的"最佳拍档"。因为美国总统彻底得到解放，可以说，在全世界所有国家中，几乎没有一个国家最高领导人能花如此多的时间在外交上，也就是说在组织的开放上。

李：这就是为何技术总是与美国有缘，因为开放是技术的摇篮啊。

吴：只有开放，才能真正理解世界的大势；只有开放，才能制定更好的国家战略；只有开放，才能获取更多的支持。加上最佳拍档的结构稳定，可以树立更加诚信的品牌，诚信是获取国际资源的最好武器。

李：看来，美国之所以对世界大势的理解有独到之处，是由于它的开放程度啊！

吴：当然。改革开放政策的伟大之处在于，不是光从内部解决问题，因为组织的问题表面上是内部的事，实质上内外一体。尤其在工业革命之后，只有开放才能享受到技术的好处，只有开放才能不会被技术的世界抛弃。

李：这样看来，认为内需才是一国解决问题之道，实质上是对技术世界的背离。

吴：如果一个国家的外贸拉动出问题，绝对不能转向内需，从内寻求答案。

李：正确的想法应该是，一国的外贸拉动不够，绝对不是因为外贸的路子不对，相反，恰恰是因为开放的程度还不够。

吴：没错。开放其实有一个标准，这个标准就是真正的跨国环境。真正的跨国环境就是民众的跨国。记得日本近代思想家福泽谕吉的"脱亚入欧"理论吗？他的结论就是在对开放有了深刻理解之后推导出的。

李：总裁解放自我，是开放的第一步。没有解放的总裁，就不可能有开放的组织。公司和人一样，自由才能发展。

吴：可见，最佳拍档是一种哲学、一种世界观、一种视野、一种思维方式，要灵活应用啊。

李：最佳拍档还可以用来衡量一个国家的竞争力，真是受益匪浅！

史玉柱、何伯权、马云、任正非、丁磊的共同点

吴：李总啊，您这些天不是去北京参加黑马比赛了吗？有什么收获？说来听听。

李：呵呵，收获可大了。我记得会上的一位明星级总裁说："在座的总裁们，有长得帅的，也有长得很一般的；有口若悬河的，也有不善言辞的；有男的，也有女的。这说明了什么？说明了任何人都有可能成功。但是，大家发现什么没有？虽然在座的各位成功的原因各不相同，但是有一条是相同的，那就是每一位都是'疯子'，每一个人都是为了企业而每天工作12到16个小时的'疯子'！"

吴：还有呢？

李：在场的总裁们都强调一点，企业家不要去追求什么虚名，公司不是说出来的，而是扎扎实实做出来的。

吴："企业家都是'疯子'"，这个话我倒赞同。只是，后一个观点则容易误导人啊。

李：先生难道不赞同后一点吗？

吴：李总是如何理解"企业家不要追求什么虚名，公司不是说出来的，而是扎扎实实做出来的"这句话的呢？

李：我的理解就是，公司做大了，名就自然而然来了，而不是为了名去追求名。公司的基本功不扎实，贸然找资本市场，找上游供应商合作，都是白搭。与供应商合作很简单，只要订单量，而资本市场则只要你的公司规模。订单量、公司规模上去了，一切就都有了。

吴：原来李总是这样理解的，李总错得也太离谱了啊！

李：难道这些大佬说的也有错？我是绝对赞同这个观点的！

吴：我还是用李总曾经说过的话来展开吧。

李：请说吧！

吴：我记得李总曾经说过一件事情，对我的启发非常大，即"地方性品牌，怎么也难以与全国性品牌抗衡"。

李：这是由人性决定的，消费者的选择逻辑就是这样的。

吴：我到了微软之后，发现这句话还可以补充一下，即"全国性品牌，怎么也难以与国际性品牌抗衡"。

李：这个我赞同。

吴：顺着这个逻辑，我们是否可以这样说，人在选择东西的时候，其实是受品牌法则左右的。在人的心里，国际性品牌高过全国性品牌，全国性品牌高过地方性品牌。

李：确实是这样。

吴：这中间有一个奇特的现象。譬如人们购车的时候，奔驰、宝马再贵，他们还是会努力去购买。为何？因为购买奔驰、宝马轿车不再是消费，而成为个人的投资了。

李：这说明了什么呢？

吴：这就是品牌的力量啊！品牌最神奇的力量在于，它能让消费转化为投资。我的观点就是，那些超级品牌常常是人的投资对象，而非简单的购买对象。购买仅仅是费用、是成本而已。

李：原来如此啊。

吴：所以，一切的买卖，其实都是相对的。对于超级品牌而言，市场其实是卖方市场。

李：没错。不过，对于绝大多数公司来说，超级品牌只是遥远的梦想而已。

吴：李总也太悲观了。其实，品牌运作的奥妙就在这里。品牌的力量不可能是绝对的。公司经营的秘诀就在于能在天时、地利、人和中寻找品牌的优势，从而创造超级品牌的溢价啊。

李：先生的意思是说，应该在相对优势中营造超级品牌，从而获取高额的利润空间？

吴：正是。李总知道一个公司品牌两个最核心的要素是什么吗？

李：这下可考住我了。

吴：品牌就是"名"啊。公司的名由两部分构成，一是内容，二是宣传的力度和技巧。

李：这个不是常识吗？

吴：真的是常识吗？我就点评一下李总目前正在做的一项投资吧，您就可以检验一下自己是否懂品牌操作了。

李：这个我倒要好好听听。

吴：李总今年不是花了480万请了业界知名的咨询公司来服务吗？

李：是呀。过去我是从来不敢也不愿意花这么多的钱来请顶级的咨询公司合作的。从今年开始，我明白了合作的对象一定要是顶级的，只有这样才能让公司成功。这不就是我重视品牌运作的标志嘛！

吴：这就叫品牌运作吗？

李：当然是啊。因为与本行业的顶级咨询公司合作，只要成功了，公司的规模就上去了，这样，公司的名和利就自然而然有了。

吴：看来李总是认为成功之后就有名了。核心问题是，李总您怎么知道就一定能成功呢？

李：会不会成功，我不敢肯定，但是我知道，公司是做出来的，而非说出来的。只要扎扎实实地按照咨询公司的策略去做，至少成功的概率很高。要知道，对方可是最顶级的咨询公司啊。

吴：李总，我告诉您如果我来投资这480万，我会怎么做。如果我和这家咨询公司谈定是480万，一定会增加一个非常重要的环节。

李：什么环节？

吴：那就是，我会要求对方从480万中拿出10万，我公司再出10万，作为合作的开启，双方共同出资主办一个隆重的新闻发布会。

李：为什么要这样做呢？

吴：道理很简单，因为与对方合作是否成功，那是未来的事情，既然未来的成功与否我没有100%的把握，为什么不顺便把名先要到手？

李：我懂了。先生是说，既然利益是在未来才可能得到，当下则可以利用与对方合作的契机，先举办一次隆重的新闻发布会，这样，就能利用对方的知名度来宣传自己公司的品牌。

吴：这样，不但提升了公司的品牌知名度，增进了员工和渠道的信心，对于咨询公司也是一种约束。

李：如此说来，我过去认为的"先有利后又名"其实是错误的啊。

吴：其实，名和利是一个硬币的两个面，根本就没有先后之分。我们再看看一些企业家的名字吧，史玉柱、何伯权、马云、任正非、丁磊这些企业家，他们共同的特点就是对于名利逻辑的深刻认识。说的好听点，都是品牌运作的高手。

李：原来，品牌运作是贯穿于公司的每一个行动中的。

吴：所谓"公司不是说出来的，而是做出来的"真是容易误导人啊。

李：哈哈，看来不能轻易相信偶像，偶像背后的真理才是正道。

王阳明和企业家

吴：近年来，王阳明好像比较热。

李：确实。只是，我不太明白，关于王阳明，到底是他的什么东西让大家如此痴迷呢？针对这个问题，我也请教过许多人，也说不出个所以然啊。

吴：是呀，就拿"知行合一"来说，到底是什么意思呢？

李：说实话，我至今也不知道如何拿它来指导自己的行为。

吴：还有，他的"人人皆可成圣贤"又是什么意思呢？这个道理释迦牟尼不是早已说过了吗？又有什么新意呢？

李：确实，我觉得许多人谈王阳明，其实自己也没有搞懂。

吴：就是。譬如，基督教主日的查经学习，这到底是"行"还是"知"呢？

李：所以，我们大谈王阳明其实是因为日本人的推崇，而我们自己并没有理解王阳明的精髓在哪里。中国人谈王阳明，几乎都是从日本人开始的，好像是因为日本人都看得起，我们当然骄傲啦。

吴：李总讲得很对，这其实是我们的自卑。我们真的佩服王阳明吗？今天的企业家有谁站出来说自己受过王阳明很大的影响呢？

李：至少我周边没有一个企业家会谈论王阳明。

吴：我觉得思想界的许多人都是传声筒，上台都是讲别人对王阳明如何如何崇敬，而自己呢？竟然谈不出任何感受。一个不修道的人，在台上大谈修道，这算是最可笑的事情了。

李：那我们就好好聊聊王阳明吧，他的"良知说"您有研究吗？

吴：大概意思是说，人只要不受外界的污染，则内心的良知自然就能辨别是非。

李：我们在谈到幼儿的教育时，曾经提到过这一点。

吴：这里我再展开一下，您就能明白它的深刻含义了。譬如总裁的说教和指挥。如果一个人的内心是浑浊的，辨别对错就有很大的问题，很有可能连别人的话都听不懂。在这种状态下，你的说教或者指挥又有什么用呢？

李：如此说来，就像您说的，人只有一种健康的成长法则，即关注他，使其努力运转？

吴：非常对。只有努力了，尽力了，他才会在不断地试错中达到开悟的境界。

李：而这中间最重要的一条就是"只关注不指挥"，因为指挥除了打击对方的自信，什么也不会留下。一旦指挥，就会让其产生依赖感和恐惧感，指挥只会让人的思维愈加迟钝。

吴：所以，许多总裁经常感叹，人是教不会的。因为素质过硬的人，不指挥他，他会主动寻求支持、主动发问。

李：这样说来，王阳明的"良知说"，其实指出了指挥是最无用的管理方式。

吴：嗯。人的良知，必须是自发的，而非外部强迫的。指挥只会剥夺对方独立思考的能力，只会剥夺对方犯错误的权力。

李：看来，所谓"不受污染"，要应用到实践中并不容易。我们过去常常是站在个人的角度看这个问题，殊不知，指挥才是最大的"污染"。

吴：但是要注意，不指挥是远远不够的，还必须关注。因为关注才会发生联系，才表明关系的存在。

李：我现在明白为何王阳明有那么多弟子了，明白"良知说"的人，首先就是一个领导力出众的人。

吴：对，因为他既懂得尊重，又懂得如何团结人。

李：那么，王阳明说的"知行合一"又是什么意思？实践中如何应用呢？

吴：这个问题问得好。要理解这个问题，最好先实践一下"只关注不指挥"的领导方式。因为"知行合一"是一个高度抽象的境界，最好先抓住"良知"的感觉，否则，就很难明白阳明先生的"知行合一"是什么意思。

李：这么玄妙啊。

吴：王阳明是在哪里悟道的呢？是在贵州龙场的一个山洞里。他虽然是以大儒知名，其实有很深的道家修养。

李：难道王阳明先生还深谙道家思想？

吴：是的，有些研究人员已经发现，王阳明其实是"表儒内道"。

李：这与"知行合一"有什么关系呢？

吴：关系太大了，我这里就简单地说说吧，能不能悟，还要看李总的修炼。修道的人，会进入一个全新的世界，这个世界的法则与世俗世界有着本质区别。

李：本质区别？

吴：譬如，这个世界里吃的法则是"吃得越少，身体越好"，最高的境界是不食人间烟火。

李：这怎么可能？现实中，一旦得病，第一个想到的是补这个补那个啊。

吴：道家的世界是减法的世界，而世俗的世界是加法的世界，完全不同。

李：也就是说，一旦进入道家的世界，看待事物的方式就会发生根本性的改变。

吴：当然。譬如一个修道的人，他可以花一辈子的时间去伺候一个人，而世俗世界的人一定会觉得这样的人生很痛苦。而修道的人会认为，征服一个人，就征服了整个宇宙，他会非常坦然地接受这个现实。

李：看来，道家的世界观确实与我们不同啊。

吴：在少吃的世界里，人还会呐喊出"人不养，天养"的豪言壮语吗？而世俗的世界，人总是抱怨外部的环境。

李：我还是不明白，这与"知行合一"有什么关系呢？

吴：因为您还没有进入道家的门，很多东西仅仅用语言是无法让您开悟的。

李：看来，我真要尽快逃离世俗的世界才对。

吴：哈哈，李总又犯错了。逃离世俗世界？怎么逃离？要知道，人怎么逃离也还必须生活在资源交换的世界里，"逃离"这个概念是错误的啊。

李：越来越糊涂了。

吴：这样吧，下次我们再详细聊聊"知"和"行"的关系。

关于"知"和"行"的终极答案

吴：李总，我们不是常常苦于员工的工作效率低下吗？

李：是呀，生意机会其实到处都有，好项目也非常多，最痛苦的是，公司就是消化不了。一个根本原因，就是员工的效率低下。很多事情只要我不出面，必然会进展得非常缓慢。

吴：我们先不说员工的情况，说说您的情况。您对于自己一周应该花多少时间学习和休闲，花多少时间工作是否很苦恼？

李：这个……确实是一个问题。现在到处说知识经济、学习型组织，到处流行各种学习班，不学习不行啊。一个明显的感觉就是，学习占用的时间越来越多了，不知道什么时候是个尽头。

吴：李总有没有一种感觉，学习的时间越多，自己的行动力不是强了，反而减弱了？

李：是啊，也不知道是怎么回事，在学习上花的时间越多，不是答案多了，反而是问题越多了。我现在真是迷恋上各种专家了。

吴：李总在认识了各种专家后，是否认为某个地方还有更高明的专家？我就发现，许多总裁在广州学了，觉得不过瘾，再到上海学，在上海学了还觉得不过瘾，再去北京学。

李：这样的话，学习不是强化了行动力，反而是弱化了行动力。

吴：何止是弱化，简直是走向了偶像崇拜。学得越多，越发现自己是一身的"病"。看来"知"和"行"各自应该占多少时间，对很多人都是一个大问题。

李：难道您有很好的解决方案？

吴：李总参加各种学习班，请教各种专家，是否觉得解决公司的各种问题会有一个秘诀呢？

李：这个我倒不完全认同，不过我还是认为，只要找到了某个最优的答案，执行之后就可以有好的结果。

吴：所以，您就不断努力，期望寻找到那个最优答案，是吗？

李：那当然。

吴：李总真的认为，找到了答案再执行就可以吗？

李：是的。

吴：那您一定认为，好的东西一定就能得到团队的理解，对吗？

李：嗯。

吴：哪有这么容易啊！这就是关键所在。我们常常说，一件事情，"知"只占25%，要实现它，至少要花75%的时间和精力。

李：有道理。

吴：既然李总认同这一点，我再问一个问题。您现在心中有许多疑惑，那是不是说，哪一天这些问题的答案都找到了，公司就太平了？

李：当然不会，因为公司的不同阶段，必然会迎来全新的挑战，每个阶段必然会面临不同的问题。

吴：如此说来，李总将会一直把更多的时间花在学习上，花在寻找答案上？

李：我明白了，您是想告诉我，其实这是一个无底洞，会越陷越深。最大的损失，其实是我行动力的弱化。

吴：李总自己不是说，公司是做出来的而非说出来的吗？您花了多少时间在做上面呢？

李：看来，我花了太多的时间在学习上，有可能是一条不归路啊！那我如何才能脱离这个泥潭呢？

吴：我这里引用一下《道德经》第47章的内容："不出户，知天下；不窥牖，见天道。其出弥远，其知弥少。"老子强调一个非常重要的事实，这个世界上，只有一门知识是需要学习的，即道的知识，而其他都是实践，只要实践即可。

李：先生的意思是……

吴：我知道您的疑惑所在，请容我慢慢道来。我前面说过，"知"了，还要花75％的时间去"行"才可能得到想要的结果。所以，任何"知"都需要花更多的时间去"行"，才能成功实现目标。关于人与物、人与人的世界，人类有所谓终极答案吗？

李：我想应该有。哲学和宗教不就是在解决这个问题吗？

吴：说得太对了，答案就在这里，在《圣经》、佛经和《道德经》里面。

李：我明白您的意思了。世界上只有一门知识要学习，这门知识就是哲学和宗教的知识。

吴：宗教给人的感觉是教条，我觉得这个说法不太准确。我喜欢基督教的说法，即属灵的知识。属灵的知识才是人需要学习的知识，其他都是实践。

李：属灵？

吴：属灵是相对于属肉而言的。所谓学习属灵的知识，严格说来，不是学，而是修，是悟。要走进基督、佛家、道家的世界，绝对不是简单的文字学习。一个人如果属灵的程度不够，哪怕道就在前面，他也不认识。

李：属灵程度不够，什么意思？

吴：就是悟性的高低。悟性越高，越容易走进灵性的殿堂；悟性越高，越容易迅速理解世俗的难题。

李：其实您是想说，人只有靠灵性才能保持足够的聪明，只有足够聪明的头脑，才能迅速应对公司发展过程中各个阶段的新问题。

吴：李总讲得已经很不错了。不过，这里的聪明，最好改为"聪慧"。属灵的知识，其实是"慧"的范畴，而世俗世界的知识则是"聪"的范畴。慧的学习过程，没有一个标准的答案，只有靠各种因缘才能达到那"灵光一闪"的刹那。

李：这是否就是先生曾经说的"形而上"？

吴：算是吧，喜欢思考终极问题的人，常常容易进入慧的领域。

李：还有其他的途径可以进入吗？

吴：当然还有，苦难就是一条很好的途径。许多人进入道教、佛教的世界，常常就是因为自己的身体患了大病；许多人进入宗教的世界，也是因为自己的生死遭遇。再譬如，团契也是一种很好的途径，比尔·盖茨的聪慧和退休后从事慈善事业，都是因为其母亲慈善事业的影响啊。

李：很有道理。因为这些年我也发现了一种现象，越是卓越的企业家，生活越简单，讲话也越平实，态度也越谦卑。

吴：就说吃吧，我就接触过不少大企业家，个人的生活吃穿，除非应酬，否则都非常简单。早上一碗白粥，身上20元的衬衫都是常见的事。另外，这些年，在IT圈子里非常流行素食，到底是素食让IT人变得聪明，还是IT行业的性质所致，真不好说。

李：这类企业家我身边也有。

吴：再看看乔布斯，不就是典型的属灵代表吗？乔布斯在大学期间就开始尝试断食，尝试打坐冥想，后来还专门去印度进行朝圣之旅。

李：原来如此。

吴：李总现在明白"知"和"行"的关系了吧。为何某些企业家能持续几十年地精力充沛，并不是别的原因，是这些企业家的学习很简单却又深刻。在这些企业家身上，"知"和"行"不是割裂的，而是一体的。

李：哈哈，到这里我才明白先生想表达的意思。先生是想告诉我，总裁应该花更多的时间去实践，不应该浪费时间去参加这个那个培训班。其实，只有一门知识需要学，那就是属灵的学问。我这样理解对吧？

吴：李总说得完全正确。属灵是一切知识的母体。譬如，西方经济学的帕累托原理，就是在亚当·斯密的"看不见的手"这一理论的基础上发展出来的；而亚当·斯密的"看不见的手"是在新教改革后观察"市场"的基础上发展出来的；而新教又是建立在属灵的知识上的。

李：看来，属灵的学问才是智慧的殿堂啊。不过，通过这次对话，我总算是解脱了，明白了总裁应该知什么、应该行什么了。

总裁的觉悟

李：经过先生的启蒙，我觉得自己已经完全不属于这个世界，我觉得自己好像就在上帝的伊甸园啊。

吴：恭喜，李总已经脱胎换骨了！

李：原来，传统的世界就是一个是非的世界。要想从传统的管理学中发现一个新世界，简直就是痴心妄想！

吴：传统管理理论本身就是支离破碎、谬误百出，在传统的管理理论中寻找答案，就像一个人在淤泥里洗澡，不可能得到自己想要的。

李：不过，最佳拍档这种关系存在的时间应该不短，为何就没有人发现呢？那么多的思想家就没有注意到吗？

吴：我想，可能是如下原因吧。一些公司虽然体现了某些最佳拍档的特征，但是并没有真正理解其原理；而真正理解了最佳拍档原理并实践的，又杜绝标榜。至于思想家为什么没有注意到，这很容易理解，因为如果没有机会身处此类组织中，就无法窥探到其中的奥妙。

李：此类公司里有那么多的员工，为何也没有人总结呢？

吴：要从理论上洞察最佳拍档的精妙，必须具备高度的抽象思维，而且，用西方的机械思维无法理解，用东方的直觉思维也无法领悟。

李：这就是先生的独特之处，既有贯通东西的高度，又有丰富的管理实践。

吴：最幸运的，莫过于我有很长一段时间，在真正的最佳拍档治理结构的公司里观摩和实践。

李：我明白了，这就是为什么虽然最佳拍档曾经有人提过，但提到的都是表面现象。想不到，最佳拍档完全颠覆了传统的管理理论大厦啊。

吴：所以，别想得太简单。要真正从理论的高度去理解最佳拍档，是一件相当困难的事啊。

李：确实，就拿先生说的"不标榜"，要理解其中的智慧就很不容易。

吴：其实，最难的应该算是对人与人关系的理解了。在结束我们的对话前，针对关系再多聊聊如何？因为这种哲学，可以说就是总裁的第一哲学啊。

李：太好啦。

吴：对话到今天，李总发现了最佳拍档关系背后的独特视角没有？

李：独特视角？

吴：世界上有一门研究关系的哲学，至今还没有思想家去深刻关注和理解。我举个例子您就明白我想问的是什么了。

李：请讲。

吴：譬如一个完整的家庭，有父母和儿女。如果我们问，儿女之间谁大？我们一定会说他们应该是平等的；如果我们问父子谁大，母女谁大？我们一定会回答：当然是父亲和母亲大。

李：这个很容易理解。

吴：好，接下来，如果我问"父母谁大"，您怎么回答？

李：这要看从哪个角度来说。如果从儿女的角度讲，他们应该一样大；如果从父母的角度就不好讲了，一些家庭是丈夫大，一些家庭是妻子大，另一些家庭则是协商式的。

吴：李总在这里犯了个错误。您混淆了"父母谁大"和"夫妻谁大"之间的区别。我问的是前者而非后者。父母是相对于儿女的称呼，怎么能等同于夫妻？

李：想不到，这么简单的问题，要回答还真不容易。

吴：我前面说过，世界上有一种哲学，至今还没有思想家去深刻关注和理解，这是我们身处沼泽而不能自拔的根本原因。

李：什么哲学？

吴：这个哲学就是，有一种关系的存在，不是由关系双方而是由第三者来决定的。

李：太抽象了，不好理解啊。

吴：那是因为李总的思维习惯停留在传统的世界里太久了，转不过弯来。我们想当然地认为，所谓关系，不就是 A 和 B 的关系吗？A 和 B 的关系，不就是大小、上下或平级吗？这是典型的西方机械式思维。

李：嗯。

吴：父母的关系，并非指父亲和母亲的关系。儿女是父母这种关系存在的必要条件，只有第三者即"儿女"存在，才让夫妻关系多了一个父母关系的维度。没有儿女可能有夫妻关系存在，但是绝不会有父母关系。

李：我总算听明白了。原来，关系并非总是一对一，有一种关系的存在必须依赖于第三者，没有第三者就没有这类关系。

吴：依赖于第三方而存在的关系，这种思维视角，就是一种非常重要的哲学。

李：这和最佳拍档有什么联系呢？

吴：李总还不明白吗？如果没有 SBU 头，就不存在真正意义上的总裁和副总裁啊！也就是说，总裁和副总裁的关系，并非是他们两者之间的关系，而是因为第三方即 SBU 头的存在而存在。SBU 头就相当于儿女，总裁和副总裁就相当于父母。

李：我终于明白了，当我们问"总裁和副总裁谁大"时，其实就是问"在 SBU 头眼里，总裁和副总裁谁大"。最佳拍档完全不是一对一的视角。

吴：李总总算领悟到了，恭喜！这里和家庭的唯一区别是，儿女生下来就是儿女，与能力无关；而 SBU 头必须符合要求，否则，总裁和副总裁就无法形成真正的拍档关系。

李：也可以这样理解，总裁和副总裁的拍档关系要存在和维系，必须驾驭一群卓越的 SBU 头，因为拍档关系和 SBU 头互为存在。

吴：谈到这里，我们会发现，总裁的拍档是副总裁，他们是对抗的关系吗?

　　李：当然不是。

　　吴：拍档们和 SBU 头是对抗的关系吗?

　　李：不是。

　　吴：大区总监和项目上能独当一面的一线经理呢?

　　李：也不是。

　　吴：可见，在管理的世界里，根本就不存在"指挥"一说，是不是?

　　李：嗯。

　　吴：所以，下属思想只能让人才避而远之，只有最佳拍档的治理结构才能聚沙成塔。下属思想就是指挥的思想。抛弃指挥，就是抛弃对抗!

　　李：抛弃对抗，就是进入圆满!

　　吴：我说过，这是一种全新的哲学，这种哲学才是管理学的根基。管理学的理论大厦，要以这个哲学为根基来构架。

　　李：真是醍醐灌顶!

硅谷时代的"商业模式"

吴：李总，对于近几年兴起的团购网站，您怎么看？

李：我真是看不懂，刚刚还轰轰烈烈，瞬间又四面楚歌。

吴：要看清楚这里面的文章，先得解决两个问题。

李：什么问题？

吴：第一个问题就是，为何资本市场与 IT 行业总像孪生兄弟一样密不可分呢？

李：应该是 IT 行业的投资回报率高吧？

吴：那为何 IT 行业的投资回报率高呢？

李：这个……

吴：IT 行业有一个特性，那就是 IT 平台产品的唯一性。

李：怎么说？

吴：我举几个例子您就明白了。腾讯 QQ、淘宝网、Windows 操作系统、Office 办公软件，这些平台性产品，消费者一旦养成使用习惯，就很难再选择其他的了。注意，这个唯一性不是以一国为界的，而是全球范围。

李：这不就是典型的赢家通吃嘛，而且是全球性的赢家通吃啊！

吴：可能是虚拟世界的特点决定的吧。

李：我明白了，IT 平台产品的唯一性特点，必然引起资本市场的强烈兴趣，因为一旦抢占这个制高点，盈利将是非常可观和持续的。

吴：可以说，是 IT 行业带动了这些年资本市场的蓬勃发展，也是 IT 行业为世界带来了全新的投资和商业思维模式！

李：怎么说？

吴：微软、英特尔、华为、苹果、Facebook 这些公司的神话，让投资者和股民都越来越坚信一件事，即行业的地位才是赢利的根本保证。为了实现行业地位目标，哪怕 5 年、10 年亏损也是值得的。本来，资本市场的最大作用之一，就是对于公司未来地位的奖赏啊。

李：那团购网站的风云变换也就能得到解释了。

吴：事情没这么简单。

李：哦？

吴：本来，IT 平台产品的唯一性特征与资本高度互动并没有错，错的是投机者为"资本故事"而"资本故事"。投资者明白，企业家和股民才是这盘游戏的参与者。既然企业家和股民已经相信了行业老大的暴富神话，那只要故事编得好，他们一定会相信，投资可以获取高额的回报。

李：先生是否想说，投资者明明知道团购网的商业模式不可行，还努力去宣传，去拼凑一个"IT 神话"，这样，就必然引起其他投资者和股民跟进，一旦上市之后，操盘者就马上抽身？

吴：不错。其实，团购网有两个特点，决定了其商业模式的不可行。一是团购网的平台特点，另一个就是团购网的服务特点。

李：嗯，这个我明白。因为拼团本身就是一个高度复杂的服务工作。

吴：问题就在这里。IT 平台的特点是规模，与服务其实没有多大关系。综合性网上购物商城京东商城就说，我做的是平台，服务不是我所关注的。一个既要平台又要服务的团购网，本身就是充满矛盾的。

李：早期投资者明明知道团购网这个商业模式的缺陷，却只选择了其平台性的特点大肆宣扬。

吴：这就是资本市场下的商业模式。在资本的时代，媒体宣传的可信度要大打折扣啊。

李：书本上的商业模式，从来不会谈到资本这一项。而在资本市场，资本可以让一个商业模式为了规模和垄断优势长期亏损，这与我们一直以来的经营思维太不相同了。

吴：这就是高科技时代的商业模式特征，即"干掉一切对手"！

李：我和我身边的许多人一直就相信一件事，公司是做出来的，而非拼凑出来的。看来这个思维已经完全脱离时代了啊。

吴：也不完全。练好内功当然没有错，只是，今天的公司如果没有了行业领军的意识，没有了资本的翅膀，没有了同盟意识，没有了公司生态环境的意识，是很难持续发展的。

李：看来，公司的发展必须内外兼顾，只顾低头拉车不抬头看路是不行的了。

吴：嗯。商业模式的搭建如果离开了资本，是不可想象的。

世界之初的先知们，为何总是用对话体？

吴：有件事很有意思，《论语》、《理想国》、《新约》都采用了对话体。

李：确实是这样的。

吴：关于这一点，我一直很迷惑。直到后来读到耶稣的话"恺撒的物当归给恺撒，神的物当归给神"，我才明白为何古代的圣贤总喜欢用对话体。

李：请先生解释。

吴：这个世界就是这样，属灵的存在，属肉的也存在；世俗的世界存在，上帝之城也存在。人这一生，最难的就是找到进入属灵的世界这条路了。绝大部分的人，都是在属肉的世界里挣扎。

李：就如先生曾经提到的，属灵的世界，不是靠聪明，而是靠"悟"，靠"慧"。是这样吗？

吴：正是。先知们一开始就明白了，属灵的世界要用文字写明白，必须用对话体，因为对话体就是两个世界的碰撞。阅读的人，可以从对话的过程中，体悟到两个世界的不同特点，从而达到悟的境界。

李：也就是说，属灵的世界，仅仅靠文字是无法说明白的。

吴：其实，哪怕是对话体，也无法把属灵的世界说明白。属灵的世界，是一种体验，这种体验如同西瓜的味道，没有吃过，怎么说也无法体会到那种味道啊。

李：难怪信仰宗教的人总是说"修"这个字。修行才是人道的主要手段。

吴：所以，对话体算是离实践最近的文字记录了。我曾经听过一个很好的而且是真实的故事，这里与李总分享一下。

李：请说。

吴：因为这个人是我一个朋友的朋友，所以给我的震撼也相当大。我的朋友告诉我，这个人想品尝一下苹果的原味是什么样的。

李：他怎么品尝的呢？

吴：他开始的时候是戒掉荤，他觉得苹果的味道越来越香，但是他还是觉得那不是苹果的原味。

李：后来呢？

吴：后来他就走进森林里，只带了干面包片，一进去就是一周。从森林中出来后，他品尝到的苹果味道，是他以前从来都没有品尝到的。

李：再后来呢？

吴：他终于明白，要品尝到苹果的原味，只有一个办法，那就是回到零，回到起点。就是说，只有肉体和精神没有受到任何污染，才能品尝到苹果的原味。

李：难道属灵的境界就是这个吗？

吴：看看这几个人吧，日本铃木俊隆的《禅者的初心》、中国台湾王绍璠的《归零的智慧》、王阳明的"良知说"、一行禅师的《正念的奇迹》、耶稣的40天禁食，都是为了回归零的起点啊。

李：这么说，属灵就是回归简单吗？

吴：难道不是吗？还记得道家的辟谷吗？还记得日本人的"甲田断食疗法"吗？这些都告诉我们，健康不是靠吃得多，恰恰相反，是靠吃得少。这就是幸福的密码。

李：看来，这是一个完全不同的世界。

吴：这就是属灵的世界的特点，虽然好，但是常人就是不愿意尝试，也不愿意接触。这就是先知们采取对话体的重要理由啊。

李：我记得苏格拉底也很喜欢用对话体。

吴：秘密就在这里，两个世界永远并存，而对话体算是这两个世界最重要的桥梁了。

李：我现在才明白，先生总是喜欢与我对话，并且还每次记录了我们的对话。

吴：因为这种原汁原味的对话，最能让人明白这其中的"慧"。

李：先生的最大愿望，就是希望更多的企业家能走入属灵的世界，进而解放自己，造福世界。

80 后、90 后的意识形态化

李：先生，能否谈谈 80 后、90 后员工的问题？因为 80 后、90 后的许多行为真是不可思议。

吴：哦？

李：最大的特点莫过于，人走掉了连工资都不要，一下子就消失了。

吴：这种故事我听得多了，哪怕是亲人介绍进去的，走了连亲人也不告诉一声。还有一些担任高管的，以请假的名义一去不复返。

李：辞职至少要跟公司打个招呼啊，80 后、90 后与 20 世纪六七十年代生的人行为差别太大了。现在本来人就不好招，人力成本上升，加上员工的脾气大，管理真是越来越有挑战性了。

吴：您觉得问题出在哪里呢？

李：我觉得有两点：一是教育的失败，二是社会的功利主义越来越严重。

吴：您觉得 80 后、90 后有什么优点吗？

李：优点？先生问得好，这也是我惊诧的地方。要说优点，80 后、90 后的员工再明显不过了，学习速度非常快、敢说敢做、对新事物接受速度非常快、喜欢挑战、个性张扬。

吴：您总结得不错嘛。

李：但是，最大的问题就是不好相处。如果能安心在公司干，是件多么好的事情啊。不像我们这代人，大学毕业了，连电脑都没见过。我们是大学毕业后才与社会重新接轨，而他们在长大的过程中就已经与这个社会同步了。

吴：比较 80 后、90 后和 20 世纪六七十年代生的人，家庭教育环境的最大区别是什么？对于 80 后、90 后来说，指挥的因素要少得多。也就是说，他们是典型的受关注的一代。

李：这样的环境下，必然是个性张扬的一代。

吴：这还不是核心。"只关注不指挥"的教育环境下，最大的特点就是人格自小没有受到破坏，如此，80 后、90 后会把尊重看得比任何东西都重要。

李：您不是说，处在"只关注不指挥"环境下的人会懂得感恩吗？但是完全看不出来啊。

吴：那要看具体情况了。80 后、90 后的"只关注不指挥"的成长环境是如何实现的呢？并非父母在教育理念上的觉醒，而是物质条件的丰裕。父母一般的想法就是给孩子好的学校、好的生活条件、好的学习工具，父母以为只要让孩子处在好的物质条件中，就能成为真正的人才。

李：还真是这样。现在的学校，已经成了家长的天下，家长的购买力在左右着学校。如此环境下，学校也常常把学生当顾客看待。

吴：所以，80 后、90 后的"只关注不指挥"其实夹杂了许多金钱的因素。但是，这种教育方式，至少是让"指挥"因素消退了，指挥才是对人心灵的最大污染。80 后、90 后虽然可能性格张扬，有点骄纵，但他们不会因为外部的压力而轻易放弃，这就是他们成功欲望特别强的原因。

李：但是，现在的自杀现象又如何解释？

吴：我想不外乎两个原因。一是一些家长用金钱完全控制了孩子的发展，也就是说，用自己的计划完全替代了孩子的计划，用自己的是非标准剥夺了孩子试错的权力。这样的孩子，必然会把失败完全归咎于外部。极端的情况下，会对周围的人产生仇恨，包括对自己的亲人。这样的孩子，进入社会后，会发现到处都是无法解决的问题，结果当然可想而知。前几年发生过一件事，两个孩子请同学到家里聚会，庆祝什么呢？庆祝自己的解放。什么解放呢？自己把父母杀死了！杀人的人和自杀的人，只有一线之隔啊。

李：有道理，那么第二个原因呢？

吴：第二个原因，就是与 20 世纪六七十年代生人的鸿沟造成的。

李：什么鸿沟？

吴：当然是指挥的鸿沟呀。六七十年代出生的人，最大的特点就是在被指挥的环境下成长，国家指挥、家长指挥、学校指挥。在他们的成长环境里，指挥简直就是天经地义的事情。打骂、教训、批评、干涉、破坏隐私、冷处理、话说一半、对领导点头哈腰、表忠诚等，这些都是生活的常态。

李：而现在公司的管理层，主要还是由六七十年代出生的人把控，那么指挥就是最常见的管理方法。

吴：是啊，他们会认为，上领导下、下服从上是再正常不过的事情。但是 80 后、90 后却完全不信这个邪，他们只需要关注，不需要指挥。任何指挥性质的举动，在他们眼里，都是对其人格的践踏。这样的鸿沟，不导致冲突才怪！

李：难怪 80 后和 90 后对唱歌、旅游、运动等集体活动如此感兴趣，原来是"只关注不指挥"的成长环境的缘故。这样说来，其实他们的优点还是大于缺点的啊。

吴：我也这么认为。我曾经服务过的 Polycom 公司，就是典型的"只关注不指挥"的公司，在那里，80 后、90 后一大堆，而无缘无故离职的情况几乎没有。

李：看来，真正的问题还是出在总裁们身上啊。

吴：其实，这种鸿沟也会带来许多问题。他们一旦碰到外部的限制，就很容易为自己的人格而"战斗"。我们认为是一次简单的指导，对方可能认为是非常严重的蔑视。在他们眼里，压制都会上升到意识形态的层面，认为是对其人格的不尊重，当他们认为这样做是"不把他们当人看"的时候，问题就大了！

李：看来，80 后、90 后无论是在公司里还是在社会上，对六七十年代出生的人都是很大的挑战啊。

吴：其实只要理解了"只关注不指挥"的精髓，就容易相处了。

"考核什么就得什么" 是错误的

吴：现在绩效考核的做法非常流行，李总对"KPI 指标考核"怎么看？

李：好像蛮有道理，不是说"考核什么就会得到什么"嘛！

吴：真的吗？李总觉得自己公司考核的情况如何？考核真的能提高绩效吗？

李：这个，我暂时还看不出来。不过，有种观点说，公司要搞 KPI 考核，千万不要操之过急，要持续、长时间地推进才行，要有耐心。

吴：不如我们比较一下一般公司的 KPI 考核和日本的终身制吧。

李：日本的终身制就是一生的承诺。大体意思是说，作为员工，只需努力工作，其他的事情交给公司即可。

吴：而 KPI 指标考核又是基于什么假设呢？

李：一般不是基于平衡计分卡吗？譬如销售总监的考核包括利润指标、回款指标、团队建设指标、渠道建设指标等。

吴：李总说的这些，只是 KPI 指标的内容。我问的是，这种考核和日本终身制的考核方式到底有何不同？

李：我还真看不出来。

吴：我来说说，看李总是否同意。日本终身制的假设就是"先做再分"，而基于平衡计分卡的 KPI 指标考核意味着"先分后做"。

李：先做再分，意思就是先努力做事，再分配利润，而且，分配的事情不用员工来担忧，公司一定会给一个满意的答案。是这样吗？

吴：很对。

李：这两个假设有何不同呢？

吴：先分后做，这不就是典型的对抗，不就是典型的标榜吗？

李：不过，市场经济不就是契约经济吗？合同不就是基于"你做什么，我做什么"这样的假设吗？

吴：难道"先做再分"就不是契约经济吗？

李："先做后分"也是契约经济？

吴：为何不是？如果非要用考核这个词，则可以说，考核一个员工，主要就是考核其是否努力。

李：这也是考核啊？我真是第一次听说。

吴：这其实就是年薪制的本质啊。

李：我了解的年薪制，大都是一部分为基薪、一部分与业绩挂钩的。

吴：这种年薪制哪还是纯粹的年薪制呢？其实已经是年薪加 KPI 考核的混合物了。

李：先分后做能有什么坏处呢？先把规则说清楚不是很好的事情吗？

吴：问题就在这里，一个员工要把 KPI 指标完成，有多少是自己能把控的呢？品牌知名度的问题、产品质量的问题、市场的基础，这些都是员工无法把控的啊。

李：确实。

吴：还有内部的报销问题、内部发货的速度、内部的账期问题、内部的技术支持问题、总监下面队伍的待遇问题，这些都会严重影响到 KPI 指标。

李：这么多影响因素啊。

吴：这些还不是最重要的呢。

李：还有？

吴：关键是 SBU 头的作为。

李：我明白了，如果副总裁被总裁问责，副总裁就会指挥 SBU 头并带来混乱。这样说来，KPI 指标的设计很难预估到这些影响啊。

吴：所以说，单纯的 KPI 指标设计想得太简单了。

李：先生能举个例子来讲讲吗？

吴：就说说日本的索尼吧，索尼的常务董事天外伺郎曾写了一篇文章专门谈了这个问题。

李：他是怎么说的呢？

吴：文章的标题就是《绩效主义，毁了索尼》。这位常务董事在文章中说："因实行绩效主义，职工逐渐失去工作热情。在这种情况下是无法产生'激情集团'的……公司为统计业绩，花费了大量的精力和时间，而在真正的工作上却敷衍了事，出现了本末倒置的倾向。"

李：这位常务董事说的，就是许多公司活生生的写照。

吴：我不是说过"管理其实只有一个问题"吗？这个问题就是如何让整个队伍高效运转。这位常务董事其实也体会到，员工的激情才是公司管理需要解决的最重要的课题。高效运转和员工的激情其实是一回事啊。

李：我记起来了，李东生、韦尔奇等许多企业家都谈到了这个问题。

吴：其实，对日本的终身制，我们常常还有一个误解，以为终身制其实是对员工的承诺。这是错误的，丰田员工的"激情"并非简单地源自于终身制的制度设计，真正的原因，是"关注"这种机制。

李：这怎么理解？

吴：简单地说，就是丰田管理层的勤奋带动作用才是关键所在。日本的领导层，无论是在公司还是在国家都有一个传统，即一个组织遭遇到了大的失败，首先是组织的领导出面"谢罪"。

李：难道终身制是这种"谢罪"制度的产物？

吴：至少我这么认为。

李：我现在才恍然大悟，最佳拍档治理结构的真正意图，就是要创造一个领导层充满激情的机制。

吴：可以这么说。只是总裁们常常会犯一个最简单的错误，以为既可以要求副总裁勤奋，又可以要求其对业绩负责。如果总裁把副总裁当做问责对象，一切就会变味。如果一个公司连业务和管理之间的界线在哪都不清楚，就不可能明白为何不能问责副总裁。最佳拍档这种结构不是一个简单的观念，而是一个系统。

企业的逻辑

吴：李总，您对自己公司的员工满意吗？

李：满意才怪呢！

吴：哦？看来李总对人的问题很发愁啊。

李：那当然。现在人不但难找，而且也非常难用。

吴：这样说来，李总好像在抱怨员工啊。

李：不是我抱怨员工，而是员工的表现太差。

吴：如果员工表现差，总裁就有生气的权力吗？

李：难道总裁连生气都是错误的？真是奇闻了。

吴：今天我们就聊聊总裁的一些假设吧，好吗？

李：总裁的假设？

吴：譬如，许多总裁根深蒂固地认为，高管就是做决策的，而员工的使命就是执行。

李：这一点，我们之前不是探讨过吗？因为分公司就是一个决策中心，SBU头的日常工作很少是由总部驱动的，而是自发驱动的。简单地将决策和执行划分开来根本就不成立。

吴：如果我们回到创业的阶段，就很容易找到逻辑了。许多人创业，要不就是无路可走而创业，要不就是各种资源储备足够而创业。他们有一个共同特点，就是都是总裁根据自身有什么和能干什么去创业。

李：不太懂。

吴：想想市场营销理论是怎么说的吧，市场需要什么我们就做什么，这种观点与创业的思维其实是相反的。

李：有点道理。作为总裁，我常常思考的就是"做熟不做生"，每天都有人来推荐项目，试图说服我去投资，但是我都不会轻易动心，原因很简单，因为我不懂行啊。

吴：这里我先不说被逼创业的总裁，来看看第二种情况下的总裁，他们是典型的资源储备充足后再创业。所谓资源储备，就是投资驱动啊。

李：又不懂了。

吴：也就是说，总裁主动创业，常常是因为自身的投资意识。这种投资意识意味着只是因为总裁一个人的行为，就可以创造很好的现金流。这样，在创业的初期，公司常常依靠的就是总裁的个人投资行为所产生的现金流。

李：我明白了，这类总裁正是因为其投资能力才走向了创业的路。

吴：这里的投资，常常是四两拨千斤的投资行为。譬如对人（非常有选择性）的投资，利用自身打工时的地位和资源优势开展投资行为，等等。这些投资行为常常是投入少，但是收益却非常高，而后非常自然地走向了创业的路。

李：这说明了什么呢？

吴：问得好。这种创业，表面上是因为他的资源优势，实质上是因为他的投资能力。四两拨千斤的投资行为，才是企业家的本啊。其实，关于这一点，国外的一位思想家哈耶克有精彩的论述。

李：这位哈耶克怎么说？

吴：哈耶克的一个主要观点就是：工程师的设计思想在许多社会问题上就不适合。哈耶克的思想，用在企业家创业过程的分析上是非常适用的。

李：也就是说，纯粹按照"市场需要什么"来设计创业的方向，失败的可能性很大。

吴：不错，正如哈耶克说的，"自发社会秩序"才是长寿之道，"我能做什么"才是事物发展的逻辑，而非"市场需要什么"。

李：看来，投资能力的提升，首先是源自于一个人的思维习惯。这个习惯的关键，是从自身的能力和资源出发，还要从他人的需求出发。

吴：注意，企业家的投资能力和专业投资客不同。因为企业家的投资是围绕一个稳定的商业模式而进行的，而专业投资客则常常是围绕各种企业家的商业模式进行。

李：嗯。

吴：卓越的企业家，常常就是投资能力出众的人，或者说是资源整合能力出众的人。这类企业家，自身就是圆满的和自足的。

李：自身就是圆满和自足的，这什么意思？

吴：这中间隐含了一个逻辑，可以描述为："正因为我的投资能力出色，所以我可以成立一家公司，从而可以帮助更多的员工和顾客。"也就是说，公司招聘员工，真正的出发点是企业家想帮助他们。

李：这样说来，公司的问题，必须界定是管理出问题了还是业务操盘出问题了。我这样理解对吗？

吴：非常准确。如果是业务操盘出问题了，管理层应该感到羞愧，要么是未能构架起高效运转的机制，要么就是招错人或者说是把人放错了位置。

李：我明白了！先生不断强调，企业家自身就是自足的，也就是说，即使离开了所有操盘手，企业家单凭自己的投资能力，就已经盈利可观了。所以，企业家根本就没有理由去抱怨员工。企业家从个人投资走向创业，本身就是为了帮助更多的员工和顾客，而非相反。

吴：这就是关键所在。这些年，我见过许多总裁总是抱怨员工。其实，员工不是拿来抱怨的，而是自己帮助的对象啊。

李：看来，抱怨员工，其实就是拿员工当工具，就是把自己的希望寄托在员工身上。

吴：许多企业家对自身使命的认识非常模糊，根本就不知道管理和业务的界线在哪里。那种认为"总部管理长期投资，中层则实现长期投资的效益"的观点，其实是非常害人的。一个对投资有着深刻理解的企业家，知道投资本身就是一个相对独立的行为；一个好的投资行为，在费用发生的同时，就会获取大量的战略资源。许多人认为长期投资就是需要很长时间才能获取高额回报，其实是源于对投资的肤浅认识，是源于对资源整合能力的不了解。

　　李：能举个例子吗？

　　吴：这样的例子太多了，就拿李嘉诚来说吧，当年金融危机爆发，李嘉诚用手上的现金大量购置地产，这个投资行为，为其家族的百年基业打下了良好的基础。

人才、技术和资本还是经营要素吗？

吴：我们常常说，劳动力、资本、土地、技术和信息是经营管理的五大要素。

李：当然，这是常识。

吴：经营管理的五要素论，本身就隐含了许多陷阱。

李：怎么说？

吴：譬如 OEM 盛行的时期，人确实仅仅是一个要素，因为人到处有，随便招。现在呢？

李：唉，现在的员工真的不好招。

吴：再说资本。在金融资本时代，公司的行业地位比公司暂时的盈利能力要重要得多。

李：先生说得极是。过去创业是边走边看，现在则是从一开始就必须设立上市的目标，否则只会越走越艰难。一个行业一旦有公司上市，则这个行业的人才、关键资源都会被资本席卷而去，资本真是太可怕了。

吴：还记得我们之前探讨过的团购网站的商业模式吗？团购就商业模式而言，本身就是矛盾的。为何媒体还长期看好？因为许多人就是投资本市场所好，编资本故事而已。但是许多人就相信了这个美好的前景，纷纷走入团购的创业队伍。

李：许多团购公司，其实都没有获得任何资本的帮助。这些创业者们，还以为自己只要把内部经营好了，就能获得资本的青睐。殊不知，团购本身就是一帮人编的资本故事，一个泡沫而已。

吴：可见，对资本的认识，也绝不是那么简单的。

李：很有道理。

吴：再说技术吧。当马云说"所有的公司都是互联网公司"时，当诺基亚不得不寻找微软来构建自己的生态环境时，当 Google 的 Andriod 系统杀进智能家居领域时，这些到底说明了什么？

李：不太懂。

吴：我们能否这样推断，"所有的公司都是互联网公司"意味着，所有的部门都是互联网部门，所有的人都是互联网人？或者说，每个人都应该熟悉互联网，都应该懂互联网是怎么回事？

李：看来，在互联网时代，没有人敢拿"我不太懂技术"来谦虚了。

吴：综合前面的人、资本和技术的描绘，李总发现了什么共同特点没有？

李：我觉得，人、资本和技术作为经营要素，相比以前，显得更加重要了。

吴：没有那么简单吧。我们一直用"经营要素"的概念来作为思考的工具。所谓要素，给人的感觉就是典型的机械组合，各要素之间的组合是平行的。但是，我们现在知道，创业伊始，就应该思考自己的资本之路，就应该考虑到自己商业模式的技术方向。而这些，都牵涉到关键的人，譬如熟悉资本操作的人，熟悉技术的人。

李：您这么说，让我想起了当年携程的创业模式。

吴：携程的创业模式非常具有代表性。几年下来，这些人竟然操作了几个上市公司，这难道还不说明问题吗？

李：如果"经营要素"的概念不足以说明问题，正确的概念应该是什么呢？

吴：这个问题很有挑战性。我认为，在金融资本的互联网时代，人、技术和资本已经是平台化的东西，而不再是一个简单要素。"要素"这个概念总是会让人觉得，只要有钱，就能买到，而且所谓的有钱，就是先扎扎实实做市场，市场回笼现金，再购买要素，再转化为市场上回笼的现金。这样的循环假设，已经完全过时了。

李：看来，我们已经处在一个完全不同的时代了啊！

为什么说企业家才是前进的驱动器？

吴：有一本很畅销的书，叫《高效能人士的七个习惯》，李总看过吗？

李：看过，我当时还给公司的每个骨干都买了一本呢。

吴：李总还记得第一个习惯是什么吗？

李：好像是与主动相关。

吴：您觉得大家看了书之后，真的更加主动了吗？

李：说实话，这些年我给公司员工买了不少书，譬如《没有任何借口》、《高效能人士的七个习惯》等。结果呢？并没有带来任何改变。

吴：就拿《高效能人士的七个习惯》来说吧，积极主动当然重要，但是，这个习惯对每个人都一样重要吗？

李：我倒没想过这个问题。

吴：现在，许多管理书籍都不是站在公司的角度去写的，而是把公司浓缩为一个人来写的，所以，看上去好像很有道理，但就是无法落到实践中去啊。

李：深有同感。

吴：我的问题是，您觉得在公司里面，哪个层面最应该主动？

李：我觉得都应该主动啊。

吴：我们之前不是讨论过，公司的管理只有一个问题吗？

李：公司管理的目的就是一个，保证队伍的高效运转。

吴：所以，总裁的拍档最关键的就是要关注，持续关注 SBU 队伍。这个关注的本质，不就是拍档的主动出击吗？

李：拍档的"只关注不指挥"，本质上就是积极主动啊！

吴：但是现实呢？我们竟然拿积极主动来衡量员工的能力！我经常见到一些总裁故意在一件事情上冷处理，以此来考量下属是否主动，这其实是对积极主动的极大误解。

李：嗯。

吴：只有总裁自己积极主动，再加上拍档积极主动地持续关注 SBU 队伍，带动整个 SBU 队伍的积极主动，才不会让积极主动成为组织中的"稀有物品"。

李：SBU 队伍的主动和高效，根本上是源自于公司管理层的主动和高效。

吴：对，这就是企业家的责任。搭建拍档机制，就搭建了一个积极主动的组织机制。企业家才是积极主动的发动机啊。

行业暴君

吴： 比尔·盖茨、乔布斯、任正非、张瑞敏，这些人性格的共同特征是什么？

李： 他们的性格好像差别挺大的啊。

吴： 这些人性格的共同特点，就是脾气大。媒体描述他们时常常用"独裁"这个词，就是一副"暴君形象"。

李： 为何这些大型组织的总裁，都会是暴君的形象呢？

吴： 我们先把这个问题搁在这里。这些年，我发现了一个很有意思的现象，国内许多企业家都涉足两个领域，一个是房地产，一个是投资行业，尤其是私募领域。

李： 涉足房地产行业，这个容易理解，因为通货膨胀太厉害，只有房地产才能抵御呀。

吴： 这就是我要接着谈的地方。许多原本在实业界很牛的企业家，一旦涉足房地产后，很有意思的现象就出现了。

李： 什么现象？

吴： 这些企业家越来越沉默了，不但在公开场合的讲话越来越少，而且还有一个很有意思的特征，那就是这些企业家的脾气也越来越好了。

李： 难道这些都是因为涉足房地产的缘故？

吴： 最近有一本很火的书，叫做《亚洲教父》，看了此书，我才明白了实业家涉足房地产意味着什么。李总一定看过《魔戒》这部电影吧，只要想想魔戒的寓意，就能明白了。

李： 您是想说，企业家已经被地产业这枚"魔戒"控制了？

吴：除了涉足房地产，世界范围内，还有一种现象，就是专利战略的兴起。自IBM倡导专利战略以来，已经吸引了越来越多的公司加入。

李：这又意味着什么呢？

吴：专利和地产一样，都是企业家成长之路上的"魔戒"啊。

李：那什么才是企业家的解药呢？

吴：当然是创新啊。李总想过没有，为何企业家的"暴君阶段"，恰恰是公司的创新黄金时期呢？"暴君"不是对人憎恨，而是出于对实业的专一，出于对实业的爱，一种发自骨子里的爱。"暴君"是一种激情，一种"不创新、不完美就死"的精神状态啊！

李：而"魔戒之路"则会让企业家被外物控制。

吴："暴君阶段"的企业家，永远是外部达不到内心的要求，所以创新的张力无限延伸。而"魔戒之路"只会让企业家的内心瓦解，因为企业家已经相信，外部有一种实在的、绝对的力量。

后　记

书写到这里，终于告一段落了。下面的"因缘"必须给读者一个交待，这样，大家一来可以进一步了解写作本书的思想历程，二来也能对读者有一些启发，三来也期望这本书算作是送给这些良师益友的一份礼物。

Microsoft（微软）

真是幸运能进入 Microsoft！世界 500 强赋予的国际化视野是思想家的翅膀；微软的许多管理理念是对人性信任实验的"乌托邦"。将来有机会，我会进一步和读者分享。微软的平台软件思维，让我得以对"劳动分工"有了更深的认识。这里，我要特别感谢微软大中华区的副总裁曾良先生，是曾总让我有机会从更广阔的视角进一步完善我的"最佳拍档"理论。另外，还要感谢微软同事刘润和许民的鉴许。

Polycom（宝利通）

如果说进入微软是我的幸运，那能进入 Polycom 简直是我生命中的奇迹了！因为，正是在这里，我第一次悟到了最佳拍档的精髓。过去，我一直相信眼睛的力量，但是在 Polycom，我却从李钢总经理的声音中听到了弦外之音（据说观音菩萨就是通过声音成佛的）。也是在这里，让我从德鲁克的混乱的管理世界脱身出来。也是在这里，我终于自信，中国人完全有能力为世界管理理论贡献自己的智慧。衷心感谢李钢和王沛这对最佳拍档，感谢这两位老上司，带我走进了"道"的世界。

中科招商

中科招商董事总经理谢勇是我的师兄，更是我的良师益友。通过中科招商我接触到了大批卓越的企业家和职业经理人，这为《总裁的最佳拍档》的理论和实践探索提供了肥沃的土壤。中科招商关于产业整合的思想、关于大基金的运作等专业知识是本书最好的养料。

千千氏饰品

千千氏的董事长曾昭霞，是我大学时同寝室的同学，从 1994 年至今，我们几乎每两个星期就见面交流管理心得，这样做已经 17 个年头了！正是从这份珍贵的友谊上面，我领悟到了终身制的秘密。后来在《史蒂夫·乔布斯传》中读到乔布斯和鲍勃·迪伦的关系时，我才恍然大悟：我和昭霞不就是精神上的最佳拍档吗？

白云清洁

白云清洁作为中国清洁用品行业的龙头老大，一直就是我的最佳拍档管理理论的试验田。黄绍华总裁和柯友怀副总裁就是绝妙的搭配，仅仅 3 年，创造了多少奇迹啊！白云清洁的柯友怀先生也是我多年的朋友（其实，应该说是同修才对，因为我们对许多东西都有相似的观点），和柯总的交往让我有机会更深入地领会终身制和最佳拍档关系的意义。将来有机会，我还会和大家分享总裁和大股东的关系、最佳拍档和董事会的关系等内容，因为本书的篇幅有限，只好割爱了。

中国国际税务咨询 & 广州兴川信息科技

税务咨询的业务特殊性以及中国国际税务咨询公司的特殊背景，让我从政府和企业关系的角度上，重新理解了最佳拍档的关系本质。中国国际税务咨询和广州兴川信息科技的商业模式，让我从资本和公司孵化器的角度理解了企业经营的特殊之处。特别感谢中国国际税务咨询公司的戴加报先生，他让我对资本和职业经理人的关系有了全新的认识。

Haier（海尔）

正如书中提到的，我第一次接触最佳拍档的分工现象，就是在海尔。那个时候，我可是海尔的粉丝哩。海尔的高以成总裁是我第一个接触的具有领袖气质的老总。我真是幸运，在海尔里担任过 8 个不同的职位。这样，年轻的我就有机会近距离接触到高总的领导艺术。在海尔，我播下了最佳拍档管理理论的第一粒种子。也是在海尔，因为这颗种子的萌发，让我投入到了哈耶克的怀抱，从此沉浸在思想的海洋里，一发不可收拾。

湘潭大学 & 中山大学 & 暨南大学

我本科就读于湘潭大学，这是我立志荡漾世界思想海洋的地方，尤其要感谢刘望老师多年来对我的鼓励和关怀。中山大学是我读 EMBA 的地方，在这里我成为中山大学智库专家，感谢中山大学的许多老师和朋友们，让我有机会在 EMBA 课堂上分享我的管理心得，感谢岭南学院的陈宏辉院长（也是我的班主任），日本之行简直就是我的思想的涅磐之旅。暨南大学是我的最佳拍档理论宣讲的重要舞台，也是在这里，让我结交了诸多 80 后、90 后的牛人（譬如就职于温氏投资的王泽翼，当时任研究生学生会主席），要特别感谢暨南大学管理学院张耀辉教授和苏晓华副教授，让我走进暨南大学的讲坛，并让我担任暨南大学校外研究生导师。

邓 鸿

仅仅是关于《楞严经》中"观音菩萨耳根圆通章"的分享，就足以让我拜邓公为师了。但是邓公希望我们都以"士大夫"要求自己，不要在意什么师傅、徒弟的名分。另外，邓公能通过佛理通达医理，在我的眼里，已经算是神通了。碰到邓公，硬是让我对广州增添了几许热爱。感谢邓公，让我认识了真正的经济学大家王国乡教授，王教授让我从终极的角度思考了"最佳拍档"的形而上。

感　谢

历时十年，几度春秋，在许多朋友的催促下，总算把这十年来与总裁的对话记录下来了。

除了前面提到的企业家、高管和师友，我还要感谢下面企业的总裁和经理们，他们来自：广东交通集团、广州直真、深圳太极软件、陕西派诚传媒、福建南威、美洲狮溜冰鞋、石头记、尚道咨询、华银科技、Oracle、Tandberg、立思辰办公、华胜天成、神州数码、南方电讯、金蝶软件、联邦家私、宝供物流、同道科技、丽柏家居、迪森能源、同煤通信公司、嘉艺画框、深圳昆特、安捷制动器、银亿地产、华运通科技、流行美、领秀设计，等等。

要特别感谢我的家人，感谢我的太太白秀芬，在我写作时给了我无微不至的照顾，并提出了许多洞见；感谢我的女儿诗白微子，是她们给我带来了无比的家庭快乐。是家的天伦之乐，让我有勇气坚持下来。